SV

Mischa Mangel

EIN SPALT LUFT

Roman

Suhrkamp

Erste Auflage 2021

Satz: Dörlemann Satz, Lemförde
Druck: CPI books GmbH, Leck
Printed in Germany
ISBN 978-3-518-42989-1

EIN SPALT LUFT

Monsieur T.s Leben kann nicht wirklich vollständig erzählt werden. Seine Aussage fehlt.

Olivia Rosenthal:
Wir sind nicht da, um zu verschwinden

Der Schlüssel ist das ganze Haus. Punkt.

Michael Lentz: *Diktate*

I

SIE SIND IN EINER KABINE, IN DER TEUFELS-KABINE

[redacted] Aus der Partnerschaft von Frau [redacted] und Herrn [redacted] ging das am [redacted] geborene Kind [redacted] hervor. Das Kind wurde nach der Geburt von beiden Eltern gemeinsam betreut. Im August [redacted] trennten sich die Eltern. Der Kindesvater konnte nur sporadische Kontakte zu seinem Sohn halten, die zeitweise ganz unterbrochen wurden. Eine nach der Geburt offenkundige Psychose der Mutter trat in Schüben sowohl ab März [redacted] als auch Anfang [redacted] auf. Frau [redacted] brach verschiedene psychiatrische Behandlungen ab, nahm [redacted] aus der Kindertagesstätte und zog sich von der Außenwelt zurück.

[redacted] Es hatte eine Mutter ein Büblein von sieben Jahren, das war so schön und lieblich, dass es niemand ansehen konnte, ohne mit ihm gut zu sein, und sie hatte es auch lieber als alles auf der Welt. Nun geschah es, dass es plötzlich krank ward und der liebe Gott es zu sich nahm; darüber konnte sich die Mutter nicht trösten und weinte Tag und Nacht. Bald darauf aber, nachdem es begraben war, zeigte sich das Kind nachts an den Plätzen, wo es sonst im Leben gesessen und gespielt hatte; weinte die Mutter, so weinte es auch, und wenn der Morgen kam, war es verschwunden. Als aber die Mutter gar nicht aufhören wollte zu weinen, kam es in einer Nacht mit seinem weißen Totenhemdchen, in welchem es in den Sarg gelegt war, und mit dem Kränzchen auf dem Kopf, setzte sich zu ihren Füßen auf das Bett und sprach: »Ach Mutter, höre doch auf zu weinen, sonst kann ich in meinem Sarge nicht einschlafen, denn mein Totenhemdchen wird nicht trocken von deinen Tränen, die alle darauf fallen.« Da erschrak die Mutter, als sie das hörte, und weinte nicht mehr. Und in der andern Nacht kam das Kindchen wieder, hielt in der Hand ein Lichtchen und sagte: »Siehst du, nun ist mein Hemdchen bald trocken, und ich habe Ruhe in meinem Grab.« Da befahl die Mutter dem lieben Gott ihr Leid und ertrug es still und geduldig, und das Kind kam nicht wieder, sondern schlief in seinem unterirdischen Bettchen.

[redacted] Das Foto zeigt den Säugling auf der Seite liegend, in einer Wiege, die Augen geschlossen, die Hand vorm Gesicht: ein sanfter Druck des Daumens in die Wange, eine leichte Wölbung. Auf dem Kopf des Säuglings einzelne dunkle Haare. Der Säugling ist zugedeckt, eine weiße Decke, voluminös, wie aufgebläht. Der Strampler aus sonnenblumengelbem Stoff, von einer Schleife oben geschlossen. Himmelblauer Stoff kleidet die Wiege aus und ist mit Wolken und einigen weißen Tieren bedruckt. Die Tiere, im Profil, erinnern halb an Wolken und halb an Vögel. Hinter der Wiege ist es schwarz.

[redacted] Er träumt.

Er steht auf der Hauptstraße.

Die Ampeln sind nicht in Betrieb, keine Pkw, keine Fahrräder. Niemand auf dem Gehsteig. Der Blick in die Häuser auf beiden Seiten von Jalousien oder Vorhängen verdeckt, die Türen geschlossen. Am Straßenrand einige Bäume ohne Blätter. Der Himmel grau, kaum Wind.

Etwa dreißig Meter vor ihm sieht er eine Frau über die Straße trotten. Aus ihren Schulterblättern, durch die Kleidung hindurch, wachsen zwei Knochen, armdick, die nach einigen Zentimetern in glatten Stümpfen enden. Die Knochen sind sauber, ein klares Weiß.

Die Frau trottet die Straße hinunter. Er geht ihr nach.

Nach einiger Zeit hört er ein Knacken. Das Knacken wird immer lauter.

Dann, in einiger Entfernung, kippen die Häuser wie Baumstämme langsam nach links oder rechts, prallen zusammen, am Dach, an den oberen Stockwerken, brechen in großen Brocken auseinander – und fallen in sich zusammen. Die Trümmer türmen sich auf Straße und Gehsteig.

Die Frau trottet weiter. Er geht ihr nach.

Dann, direkt vor den Trümmerhaufen, ganz nah, bersten auch Straße und Gehsteig. Erst bilden sich, knisternd, wie bei einer dünnen Eisdecke auf einem See, die das erste Mal betreten wird, einige haarfeine Risse, die nur langsam größer und größer werden; dann splittert der Asphalt, splittern die Gehwegplatten, und die Bruchstücke sinken langsam, wie durch Wasser, nach unten.

Vor den Trümmern liegt nun ein etwa vier Meter breiter Graben. Er sieht nach unten. Der Grund ist nicht zu erkennen.

Die Frau bleibt stehen, sieht nach unten. Er geht auf sie zu.

Er bleibt etwa einen halben Meter hinter ihr stehen, die Stümpfe in ihrem Rücken bewegen sich langsam auf und ab.

Dass sie fliegen könne.

Er nickt.

Dass sie fliegen könne.

Er nickt. Er streckt erst den einen, dann den anderen Arm nach vorn, umschließt die Knochen mit beiden Händen und schraubt sie aus den Schulterblättern. Bei jeder Drehbewegung hört er den Widerstand des Skeletts, der Rückenmuskulatur.

Die Frau bleibt reglos stehen.

In seinen Händen zwei Knochen, hinten abgeflacht, nach vorn spitz zulaufend, die Oberfläche fleckenlos, zwei blendend weiße Pflöcke. Im Rücken der Frau zwei armdicke Löcher.

Kurze Zeit später sieht er, wie die Blutung stoppt, die Wunden sich schließen.

Er wirft die Knochen an der Frau vorbei in den Graben.

Die Frau sieht ihnen nach. Dann sind sie nicht mehr zu erkennen.

Sie sieht nach unten.

Er tritt neben sie. Er sieht: Sie spiegelt sich in der Luft.

Sie legt ihren Kopf in die Hände und weint.

Er dreht sich um, geht die Straße hinunter.

Ich bin fünfzehn oder sechzehn Jahre alt und stehe im Flur unseres Hauses. Das Haus befindet sich in einer Kleinstadt. Ich lebe in diesem Haus mit meiner Mutter, streng genommen Stiefmutter, aber ich sage Mutter, wenn das Gespräch auf sie kommt, das ist einfacher und klingt nicht so sehr nach einer grausamen Märchenfigur. Wenn ich mit ihr rede, spreche ich sie mit ihrem Vornamen an. Ich lebe in diesem Haus außerdem mit meinen zwei Brüdern, Halbbrüdern eigentlich, aber wie sollten sie nur zur Hälfte meine Brüder sein. Außerdem mit einer Katze, Türkisch Angora, und meinem Vater. Ein Mann, eine Frau, drei Kinder. Zehn Jahre zwischen mir und dem ersten meiner Brüder, elf Jahre zwischen mir und dem zweiten. Ein Mann, eine Frau, drei Kinder, eine Katze, ein Haus, ein riesiger Garten, ein paar Apfelbäume, ein paar Pflaumenbäume, ein paar Kirschbäume, eine Wiese hier, eine Wiese da, eine lange Hecke, ein Fußballtor, ein Baumhaus, ein Basketballkorb, eine Tischtennisplatte, ein Riesentrampolin, ein Wohnwagen, ein Gartenhaus, ein Wintergarten, eine Terrasse, ein Proberaum, Verstärker, Gitarren, ein Schlagzeug, ein E-Piano, ein paar Bücher, ein paar Spielsachen, einige Fahrräder, zwei Pkw, ein Kleinwagen und ein Van, außerdem Zimmer, viele, Kinderzimmer, Arbeitszimmer, Schlafzimmer, Wohnzimmer, Esszimmer, Abstellraum, Keller, Dachboden, drei Stockwerke, zur Hälfte geerbt, zur Hälfte von meinem Vater abbezahlt. Mein Vater ist Klavierlehrer, an öffentlichen Musikschulen und privat, mein Vater, der in meiner Kindheit so viel John Coltrane, Ahmad Jamal, Jan Hammer und andere Jazzmusik gehört hat, dass ich die kompliziertesten Stücke Jahre später wiedererkenne, ohne zu wissen, wann ich sie das erste Mal gehört habe. Mein Vater, zu dem ich gekommen bin, nachdem man mich meiner Mutter weggenommen hat, kurz bevor ich drei Jahre alt wurde. Jetzt bin ich fünfzehn oder sechzehn Jahre alt und stehe im Flur meines riesigen Elternhauses, unter mir ein schmaler Läufer, vor mir die Kommode, in der sich die Handtücher stapeln. Auf der Kommode liegt das tragbare Telefon, das seit einigen Sekunden klingelt. Ich hebe es ans Ohr und melde mich mit dem Nachnamen meines Vaters, den ich vor ein paar Jahren angenommen habe, damit mein Name besser zum Nachnamen der übrigen Familienmitglieder passt. Ich höre eine männliche Stimme. Der Mann sagt, dass er Arzt sei, Psychiater, und meinen Vater sprechen wolle. Ich entgegne, dass mein Vater gerade nicht zu Hause sei, ich ihm aber etwas ausrichten könne, worauf der Arzt sich bedankt und sich verabschiedet. Ich lege das Telefon auf die Kommode zurück, sage meinem Vater nichts von dem Anruf und denke nicht mehr daran.

[redacted] Es klopft an der Tür. Er öffnet die Augen.

Er sieht nach oben, zur Decke. Durch das Fenster fällt Licht ins Zimmer. Seine Augen passen sich der Helligkeit an, stellen sich neu ein. Die Konturen werden schärfer.

Das Gewicht seines Körpers auf der Matratze, ihr Widerstand.

Er drückt sich nach oben, setzt sich auf.

Es klopft an der Tür, hallt durch die Wohnung.

Er steht auf, geht aus dem Zimmer, durch den Flur, öffnet die Tür.

Er sieht ins Treppenhaus. Da ist niemand.

Er sieht nach unten. Zwei Briefe liegen auf dem Fußabtreter. Er beugt sich nach unten, nimmt die Briefe, öffnet sie. In dem einen Brief ein Schlüssel, wie neu. In dem anderen ein Blatt Papier, eine Liste:

Wohnung
Hof
Straße
Haus
Spielplatz
Park
See
Wiese
Wohnung
Treppenhaus
etc.

Er holt das Telefon. Er schließt die Augen.

Er öffnet die Augen.

Dann ruft er seine Tante an.

Dass er gern kommen könne. Schön, dass er anrufe. Lange habe es gedauert, aber wenn er nun komme, umso besser. Er solle sich beeilen. Wenn sie das Haus verlasse und in der Stadt umhergehe, sei an manchen Tagen alles schon so verblasst, dass sie den Bordstein kaum noch von der Straße unterscheiden könne. An anderen Tagen sei dagegen alles wie immer. Aber darauf könne man sich nicht verlassen.

Dann ruft er seine Cousine an.

Sie freue sich sehr, wenn er komme. Sie werde ihm gern alles zeigen, das heiße, alles, was noch übrig sei.

Dann ruft er den Onkel an.

Nein, er habe ihm den Schlüssel nicht geschickt. Wie er ihm etwas habe schicken sollen, das er nicht besitze. Aber wenn er ihm einen Rat geben dürfe, rate er ihm, im Interesse aller, vor allem aber in seinem eigenen Interesse, entschieden davon ab zu kommen. Ihm alles Gute. Er lege jetzt auf.

Dann ruft er im Büro an.

Er sei krank.

Wie lange.

Das wisse er nicht.

Er legt auf.

Er geht durch die Wohnung.

Er geht ins Schlafzimmer, an der Matratze vorbei, zum Fenster. Er blickt auf den Innenhof, den Spielplatz:

eine Rutsche
eine Schaukel
ein Klettergerüst

ein Sandkasten
etc.

Er geht aus der Wohnung, in den Innenhof, zum Spielplatz. Er stellt sich in den Sandkasten, blickt zur Wohnung hoch, zum Fenster. Er kniet sich hin. Mit beiden Händen beginnt er zu graben.

Als er bis zum Hals in dem Loch steht, klettert er heraus, wirft den Schlüssel hinein und den aufgescharrten Sand zurück. Er trampelt alles fest, bis das Loch nicht mehr zu erkennen ist. Dann schaut er wieder zum Fenster hoch, bleibt so stehen.

Nach ein paar Minuten geht er los.

Er träumt.

Er ist auf einem Spielplatz, auf der Schaukel, und während er vor- und zurückschwingt, sieht er zu dem obersten Fenster eines Mietshauses. Hinter dem Fenster ein weißer Vorhang, sodass er die Person, die dahinter steht und zu ihm heruntersieht, nicht erkennen kann.

Er winkt.

Die Person wendet sich ab, tritt vom Fenster zurück.

Er schaukelt weiter, sieht zum Fenster hoch, winkt.

Das Haus wird langsam blasser, verschwindet schließlich.

Hinter dem leeren Grundstück eine Straße, auf der hin und wieder ein paar Autos fahren. Motorengeräusche, Wind.

Hier. Es soll, hier. Genauer: Es soll gezeigt werden, hier. Genauer: Es soll eine Abwesenheit gezeigt werden, hier. Genauer: Es soll die Abwesenheit einer Person gezeigt werden, hier. Genauer: Es soll die Suche nach der Abwesenheit einer Person gezeigt werden, hier. Genauer: Es soll die Suche nach der Abwesenheit einer Person gezeigt werden, die ihre Abwesenheit nicht beseitigt, hier. Genauer: Es soll die Suche nach der Abwesenheit einer Person gezeigt werden, die ihre Abwesenheit nicht beseitigt, aber ihre Spuren vor Augen und Ohren führt, hier. Genauer: Es soll die Suche nach der Abwesenheit einer Person gezeigt werden, die ihre Abwesenheit nicht beseitigt, aber ihre Spuren vor Augen und Ohren führt, sich also kenntlich macht, ohne sich zu erkennen zu geben, hier. Genauer: Es soll die Suche nach der Abwesenheit einer Person gezeigt werden, die ihre Abwesenheit nicht beseitigt, aber ihre Spuren vor Augen und Ohren führt, sich also kenntlich macht, ohne sich zu erkennen zu geben – wie die Kreidezeichnung eines Menschen auf dem Asphalt –, hier. Genauer: Es soll die Suche nach der Abwesenheit einer Person gezeigt werden, die ihre Abwesenheit nicht beseitigt, aber ihre Spuren vor Augen und Ohren führt, sich also kenntlich macht, ohne sich zu erkennen zu geben – wie die Kreidezeichnung eines Menschen auf dem Asphalt, die den Umriss des Menschen verdeutlicht, der dort lag, aber nicht zu erkennen gibt, wie dieser Umriss ausgefüllt wurde –, hier. Hier. Es soll, hier. Hier. Hier. Genauer: Es soll gezeigt werden, hier. Genauer: Es soll gezeigt werden, wie er von der Abwesenheit dieser Person geformt wurde, geformt wird, geformt werden wird, hier. Es soll. Es soll, hier. Genauer: Es soll mit allen infrage kommenden Mitteln gezeigt werden, hier. Genauer: Es soll mit allen infrage kommenden Mitteln gezeigt werden, wie die Abwesenheit dieser Person in seinem Leben anwesend ist, hier. Es soll gezeigt werden, hier. Es soll. Hier. Es soll.

[redacted] ICH BIN ABER AUCH NOCH HIER

MAL SEHEN, WER WOHL AM STÄRKSTEN IST

[redacted] Die Tante hat ihn hingefahren, zum Parkplatz. Den Rest geht er allein, den gepflasterten Weg, am Gelände des Horts entlang, bis zum Eingangstor, das ein Gitter ist.

Er bleibt stehen, blickt hinein.

Er sieht:

das Gelände des Horts
Betonfliesen
zwei Tischtennisplatten aus Stein, hintereinander, parallel
eine kleine rechteckige Wiese, links
eine kleine rechteckige Wiese, rechts
Bäume auf dem Gelände, am Rand
ihr Laub
das Gebäude des Horts, ein flacher Pavillon, Fensterwände
etc.

Er dreht sich um. Vor ihm ein breiter Streifen Pflastersteine, der sich langsam senkt, in den Hof führt. Auf halber Höhe, rechts, die Betonfassade einer großen Halle. Weiter unten, links, am Fuß des Abhangs, ein schwarzer Kasten, Beton, mit langen rechteckigen Fenstern an den Seiten.

Der Himmel ist bedeckt.

Er geht zum Hof hinunter. Es sind etwa fünfzig Meter.

Er spürt, wie er mit jedem Schritt kleiner wird.

BETREFF: Re: Gruß
Ich schreibe meiner Mutter zum letzten Mal. Ich habe sie seit sechzehn Jahren nicht gesehen, seit fünf Jahren nicht mehr mit ihr geschrieben. Ich schreibe, dass ich gern den Kontakt zu ihr wieder aufnehmen würde. Bald darauf erhalte ich eine

knappe Mail. *Guten Tag, weiter möchte ich keinen Kontakt. Mit freundlichen Grüßen.*

Er kommt kaum noch vorwärts. Er bleibt stehen, sieht an sich hinunter: Sein Körper hat sich nicht verändert. Er geht weiter.

Jeder seiner Schritte ist nicht einmal halb so groß wie sonst.

Ich war Student von so ner Fachhochschule, und sie auch. Und da hab ich sie, is man aneinander vorbeigelaufen, auf dem Weg zu irgendnem Seminar is man dann da hoch, und dann guckste so, hoh, wat ne heiße Frau. Und dann am nächsten, Woche drauf hat man sich wiedergesehen. Also weil die Wege ja eigentlich im wöchentlichen Turnus gleich warn. Und sie muss mich auch wohl bemerkt ham. Und dann gibs, dann gabs ne Cafeteria da, wo man, wowo man immer so gesessen hat oder Kaffee getrunken, und dann hab ich sie auch wohl von Fei-, von Ferne gesehen. Gelächelt oder so, oder nur, nur mit Augen.

Frau [redacted] bewohnt mit ihrem fast zweijährigen Kind [redacted] eine kleine Wohnung in [redacted]. Die Wohnung von Frau [redacted] konnte nicht besichtigt werden, macht aber äußerlich einen gepflegten Eindruck (Fenster, Gardinen, Blick von der Wohnungstür). Frau [redacted] ist nicht berufstätig. Den Lebensunterhalt finanziert sie durch Sozialhilfe und Kindesunterhalt.

Er steht vor dem schwarzen Kasten, auf der linken Seite des Hofs. Zwei große gläserne Türen. Schwarze Metallrahmen, Griffe.

Er sieht hinein. Ein größerer Eingangsbereich, schwarze Fliesen, hinten an der Wand eine Treppe.

Auf den unteren Stufen steht jemand.

Die Person ist verschwommen. Er sieht sie an.

Er sieht sie an.

Die Person geht die Treppe hoch.

Er hört:

Schritte,

Hall.

Und dann war irgendn Abend, da ging ich in ne Disco, bin ich abends in die Disco gegangen, also Disco, laut, Blitzlichter, da steht sie da ganz hinten, ich komm rein, und dann kommt sie, wir nehmen uns in n Arm, ich wusste nich, wie sie heißt, und küssen sofort, das war sofort Euphorie, ja. Das war dann der Abend, wo man sich geliebt hat, aber dann bin ich auch nach Hause gegangen, ja. Ich war ja damals noch mit ner andern, ner andern Frau zusammen. Aber dann bin ich dann irgendwann zu ihr, hab sie besucht. Dann war das so einfach normaler Gesprächskram, labern, kennenlernen, am Tisch sitzen, und dann bin ich abends wieder auch irgendwann nach Hause gefahren.

Er steht vor dem schwarzen Kasten, links.

Er dreht sich um, sieht umher.

Eine grau gepflasterte Fläche.

Der Weg, den er gekommen ist, vom Hort aus an der Halle vorbei.

Ein niedriger, bogenförmiger Wall, der den Hof zu den übrigen Seiten begrenzt. Darauf Gras. Dahinter die hohen Drahtzäune eines Sportplatzes.

Ein schwacher Wind.

Er hört ein schabendes oder klirrendes Geräusch, weit entfernt.

Er geht auf das Geräusch zu.

[redacted] Ob sie ihn hinfahren könne.

Natürlich. Sie habe ihn ja auch schon früher gefahren, manchmal.

Die Tante sitzt ihm gegenüber auf der Couch.

Die Couch ist beinahe so durchscheinend wie sie selbst.

Ob sie ihn jetzt sofort hinfahren könne.

Ja.

[redacted] Ein schabendes oder klirrendes Geräusch,
weit entfernt,
und hallt über den Hof. Leise. Schwacher Wind.
Leise hallt es über den Hof.
Er geht auf das Geräusch zu.

Und beim zweiten Mal bin ich abends nich mehr nach Hause gefahrn. Und dann hab ich mich auch getrennt von der, der, is Schluss, hab ich gesacht, bin mit jemand anders zusammen jetz.

ICH BIN ABER AUCH NOCH HIER

Frau [redacted] wuchs als ältestes Kind in einer Familie mit sechs Geschwistern auf.

Ein schabendes oder klirrendes Geräusch, weit entfernt,

Sie besuchte das Gymnasium, machte Abitur und studierte zunächst Pädagogik.

und hallt über den Hof. Leise. Schwacher Wind.

SIE WERDEN AN EINEM KARZINOM ERKRANKEN

Dann warn wir nur in ner Tonne, wir ham n ganzen Tach im Bett gelegen, ham immer nur Schallplatten gehört, irgend so ne Platte, die ich gar nich kannte. Weiß nich mehr, wie sie heißt. Immer Schallplattenspieler immer rumgedreht, damals, das war, hattes ja nichts andres. Ja, und das war sehr euphorisch.

SIE WERDEN AN EINEM KARZINOM ERKRANKEN, SIE DRECKSHAUFEN

Die sogenannten typischen oder klassischen Neuroleptika (auch: Neuroleptika der ersten Generation) wurden zu Beginn der 1950er Jahre entwickelt. Sie veränderten die therapeutische Praxis bei psychotischen Störungen derart grundlegend, dass psychiatriegeschichtlich von einer *psychopharmakologischen Revolution* gesprochen wird.

und hallt über den Hof. Leise. Schwacher Wind.
Leise hallt es über den Hof.
Er geht auf das Geräusch zu.

Beispiele klassischer Neuroleptika sind das 1950 von Paul Charpentier synthetisierte Chlorpromazin und das ab 1953 klinisch eingesetzte, aus der Indischen Schlangenwurzel *(Rauwolfia serpentina)* gewonnene Reserpin. Die Einführung dieser Psychopharmaka stellte bis dato etablierten Formen der »Therapie« psychotischer Störungen eine – vergleichsweise – humane Alternative zur Seite. Gängig waren damals Interventionen wie die Internierung sogenannter Geisteskranker in psychiatrischen Anstalten oder die Lobotomie,

SIE DRECKSHAUFEN

SIE DRECKSHAUFEN

SIE DRECKSHAUFEN

ein neurochirurgischer Eingriff, bei dem Nervenfasern zwischen Thalamus und Frontallappen zerstört werden, was in der Historie dieser Praxis uneinheitliche Resultate nach sich zog: Einigen wenigen lobotomierten Menschen ging es wohl besser, manche kamen durch die Operation zu Tode, andere brachten sich danach um, wieder andere waren fortan apathisch oder zeigten erhebliche kognitive Einschränkungen bis hin zur geistigen Behinderung. – Nebenbei bemerkt: In diesem Zusammenhang war es zum Beispiel vollkommen üblich (Stichwort: Transorbitale Methode), dem zu lobotomierenden Menschen ein Werkzeug, das nicht nur zufälligerweise einem Eispickel ähnelte – die erste Lobotomie dieser Art wurde von Walter Freeman mit einem für Cocktail-Eis bestimmten Eispickel aus seiner Küchenschublade durchgeführt –, erst oberhalb des einen, dann oberhalb des anderen Augapfels durch den Schädel ins Gehirn zu treiben und dort eine Weile hin und her zu schwenken (rein äußerlich deuteten hinterher meist nicht mehr als Hämatome an den Augen auf den Eingriff hin). Die Prozedur erschien nicht zuletzt deswegen lohnend, weil sie auch von Menschen ohne chirurgische Ausbildung ausgeführt werden konnte und nicht viel Zeit erforderte: Freeman, der einmal, transorbital lobotomierend, für ein Foto pausierte, woraufhin das *Orbitoclast* getaufte Operationsinstrument so von seiner Bahn abwich, dass der Patient sofort verstarb, blieb teils unter zehn Minuten.

SIE DRECKSHAUFEN

SIE DRECKSHAUFEN

SIE DRECKSHAUFEN

Nach Schilderung Herrn [redacted]s befand sich Frau [redacted] als »Lieblingstochter« des Vaters noch lange in einer starken Umsorgung ihrer Familie. Herrn [redacted]s Schilderungen und ihr eigenes heutiges abweisendes Verhalten den Eltern gegenüber lassen davon ausgehen, dass die Loslösung aus einer geborgenen, fürsorglichen Familiensphäre für die junge Frau ein immenses Problem war.

Er geht auf das Geräusch zu. Er kommt kaum vorwärts. Jeder seiner Schritte ist nicht einmal halb so groß wie sonst. Leise. Schwacher Wind. Leise hallt es über den Hof.

Er geht auf das Geräusch zu. Er geht darauf zu.

Er geht weiter.

Er geht.

Einerseits schätzte Frau [redacted] die Harmonie mit den Eltern und Geschwistern, andererseits fühlte sie sich in ihren Selbstständigkeitsbestrebungen eingeengt. Über die Zeit ihres Studiums war von Frau [redacted] außerdem zu erfahren, dass sie bis ca. [redacted] einige Jahre lang psychotherapeutisch behandelt wurde.

Du gehst aus dem Zimmer

Du gehst durch den Flur
Du öffnest die Tür
Du gehst durch das Treppenhaus
Du gehst nach oben
Du öffnest die Tür
Du gehst hinein
Du gehst auf den Dachboden

Du weißt es jetzt

Du bist dir jetzt ganz sicher

Auf der Arbeit – ich finanziere mir mein zweites Studium, indem ich suchmaschinenoptimierte Texte für einen Online-Versandhändler verfasse – habe ich den ganzen Tag auf den Computer gestarrt und will daher jetzt keinen Film schauen, nicht noch mehr Bildschirm, bitte. Meine Freundin hingegen hat den ganzen Tag im Laden gestanden, als einzige Mitarbeiterin, ohne größeren Kundenkontakt, und nichts zu tun gehabt, außer ein paar Regale aufzuräumen und das Schaufenster neu zu gestalten, sie ist unruhig, sie will der Ereignislosigkeit ihres Tages etwas entgegensetzen, sie will jetzt unbedingt einen Film. Nie möchtest du einen Film mit mir gucken, sagt sie. Deine Mutter möchte nie einen Film mit dir gucken, sage ich. Wir sitzen in der Küche unserer Wohnung, haben gerade gegessen. Und deine Mutter, sagt meine Freundin, sie stockt kurz, deine Mutter hat nie einen Film mit dir geguckt.

Er geht auf das Geräusch zu. Leise.
Schwacher Wind. Er kommt kaum vorwärts.
Leise hallt es über den Hof. Jeder seiner Schritte.
Nicht einmal halb. Er geht auf
das Geräusch zu.
Er geht weiter.
Er geht.

Dann,

als seine Schuhsohlen den Boden berühren,
einen Pflasterstein,

dann noch einen,

ein Knäuel,

laut:
Bälle prallen auf, prallen auf den Boden,

Körper fallen, fallen, fallen auf den Boden,

Schritte, überall,

Stimmen,

Stimmen,

Stimmen,

Schreien, Lachen, Weinen etc.

Dahinter das Geräusch. Er geht auf das Geräusch zu. Er geht weiter.

[redacted] ICH BIN ABER AUCH NOCH HIER

MAL SEHEN, WER WOHL AM STÄRKSTEN IST

SIE DRECKSHAUFEN

Dann

Dann nichts mehr

alles weg

kein Geräusch außer

wie er auftritt

Wind

sein Atem

Ich stehe auf dem Schulhof, neben einem Mülleimer. Ich bin sieben oder acht Jahre alt.

[redacted] Es ist still. Langsam setzt er einen Fuß vor den anderen. Er geht über den Hof. Kein Wind, keine Geräusche. Er kommt kaum vorwärts. Nicht einmal halb so groß. Jeder seiner Schritte. Weit entfernt sieht er etwas. Er geht darauf zu. Er sieht etwas.

Sie war auch öfters bei mir, in der Wohnung. Ich wohnte damals in ner WG. Ja, und dann kam sie zu mir, oder wir hatten so n kleinen Opel Corsa, und ich fuhr zu ihr. Irgendwann sachtse so, wenn du, du, zieh mal zu mir. Scheiße. Ich hatte ne supergeile Bude, wir hatten echt ne geile Spitzenbude, es warn, es kamen auch immer viele Leute, wir ham immer Musik gemacht und so. Wenn du nich zu mir ziehst, dann liebs du mich nich, diese Erpressung, ja. Dann bin ich dann irgendwann dann ausgezogen, ja, ich hab, ich hab das, das gedacht, ich lieb sie, dann tu ich das jetz auch. Ich bin letztlich hörig gewesen. Sie hat das von mir eingefordert, und sie hat diktiert, und ich bin gefolgt, ich war nich fähig zu sagen, bei aller Liebe, da war ich nich fähig zu. Dann bin ich ausgezogen, und das hat da auch geknallt, in ner WG fanden sie das auch scheiße. Ham wahrscheinlich auch mir den Vorwurf gemacht, warum machs du so n Scheiß. Ja, und dann bin ich bei ihr eingezogen, alles n bisschen eng, alles n bisschen klein, ja. Das war aber auch noch gut.

Er geht weiter.

Er sieht etwas. Die Konturen werden schärfer. Er geht darauf zu.

Die von Frau [redacted] gewährten Antworten waren wenig konkret und beschrieben allgemeine Normalzustände. Nachfragen erwiesen sich als zwecklos. So berichtete Frau [redacted] zwar von sich aus, dass sie während des Studiums jahrelang Psychotherapie in Anspruch genommen habe, als Therapiethema nannte sie jedoch lediglich Schlafstörungen und Unwohlsein. Auf Nachfragen gab sie Angstzustände an, wollte aber nicht mitteilen, vor welchen Dingen oder Situationen sie Angst gehabt habe. Sämtliche Fragen nach dem Kindesvater wurden zunächst zurückgewiesen. Erst gegen Ende der Exploration konnte mit größter Vorsicht ihre Sichtweise in Erfahrung gebracht werden.

Ein paar Meter vor ihm, ein paar Meter vor dem Wall: ein Fahrrad. Es steht auf Sattel und Lenker, das Hinterrad dreht sich schnell, die Speichen, die in der Bewegung verschwimmen, klirren im Wind.

Hinter dem Fahrrad steht ein Kind, welches das Rad knapp überragt. Mit einer Hand an der Pedale kurbelt es, mit der anderen hält es einen kurzen Stock an das sich drehende Hinterrad. Der Stock schabt über das Gummi des Reifens.

Das Kind sieht ihn an, nickt ihm zu. Er tritt ein paar Schritte vor.

Nach einer Weile legt das Kind den Stock auf den Boden und beginnt, den Reifen schneller zu drehen. Er sieht in die Speichen.

Das Kind senkt die Hand zum Hinterrad, bis sie das Profil berührt. Der Reifen schleift über die Haut. Das Kind kurbelt schneller.

Es entsteht kein Geräusch. Er hört nur das Klirren der Speichen, seinen Atem, den Wind. Er sieht in das Hinterrad.

Du stehst auf dem Dachboden

Du weißt es jetzt

Du bist dir jetzt ganz sicher

Es ist ganz klar glasklar sonnenklar Es gibt nicht den geringsten Zweifel

Ich bin achtzehn oder neunzehn Jahre alt, als mein Vater erwähnt, dass es Gutachten gebe, die er mir zeigen könne, gerichtspsychologische Gutachten über meine Mutter und mich. Er habe sie aufbewahrt, er könne sie mir geben. Willste sie lesen?, fragt er. Was für eine Frage. Natürlich will ich sie lesen. Ich sage: Ja, gern. Mein Vater geht in sein Zimmer und kommt ein paar Minuten später mit circa fünfzig Seiten Text wieder. Es sind zwei Gutachten, ungefähr gleich lang, das Papier schon leicht vergilbt, an einigen Stellen sind die Buchstaben etwas verblichen, aber der Großteil ist gut lesbar. Schreibmaschinenschrift, zahlreiche, ebenfalls mit der Schreibmaschine angefertigte Unterstreichungen, dazu, mit blauem Kuli, die Unterstreichungen meines Vaters. Am Rand des ersten Gutachtens, in nahezu unleserlicher Schrift, einige Notizen: »Psychose«, »Isolation«, »Schub«, »Verweigerung«, »Allgemeiner Unsinn«, »Wahnideen«, »keine Zielgerichtetheit«, »keine Logik«, »Angst bestimmt momentanen Zustand«, »Wirklichkeit besteht nicht mehr«, »Zukunftsdenken unmöglich«, »Wahrnehmungsstörungen + Symbolsprache«, »Suizid«, »keine Einsicht, Reflexion«, »Misstrauen«, »Mimik«, »keine Änderung«, »Gefahr«, »keine Kontakte«, »Sprache ist Kommunikation«, »Wenn ich das lese, scheiße, er war so kontaktfreudig mehr als andere«, »Autismus«, »Die lässt den doch nicht rein«. Am Schluss die Signatur des Gerichtspsychologen, *Dipl. Psy.*

Er sieht in das Hinterrad.

Das Rad dreht langsam aus.

Als das Hinterrad zum Stillstand kommt, sieht er hoch.

Das Kind hebt die Arme, streckt sie in seine Richtung, die Handflächen nach vorn.

Er sieht die Hände des Kindes an. In der einen befindet sich ein reifenbreiter Spalt, mittig, der die Hand in zwei Hälften teilt.

Er sieht durch den Spalt auf den Wall.

II

[redacted] Ob noch alles wie damals sei.

Die Tante blickt auf, sieht ihn an.

Es sei noch alles wie damals. Hier verändere sich nichts. Höchstens, dass die Dinge verblassten. Aber nicht so, dass sie ganz verschwänden. Allenfalls so, dass sie kurz verschwänden. Dann tauchten sie wieder auf.

Ob die Straßen noch seien wie damals.

Alle Straßen seien noch wie damals.

Ob die Gebäude noch seien wie damals.

Die Häuser,

Geschäfte,

Restaurants,

Kioske,

Schulen,

Schwimmbäder,

Sporthallen etc.

Alle Gebäude seien noch wie damals.

Ob die freien Flächen noch seien wie damals.

Die Spielplätze,

Sportplätze,

Parkplätze,

Parks,

Wiesen,

Höfe,

Hinterhöfe etc.

Alles sei noch wie damals.

Ob das Wetter noch sei wie damals.

Es sei noch ganz wie damals. Es wiederhole sich Jahr für Jahr, Tag für Tag.

Ob die Menschen noch seien wie damals.

Sie seien alle noch wie damals, allerdings am meisten verblasst. Er sehe es ja an ihr selbst.

Wie das sein könne.

Es sei nun einmal so. Seit er fortgegangen sei.

Er sei ja jetzt wieder da.

Ja. Er sei ja jetzt wieder da.

Bruchstückhaft gab Frau [redacted] an, dass Herr [redacted] sich grausam gegen ihr Kind verhalten habe, und warf ihm »fünf Mordversuche« an [redacted] vor. Als Beispiele für diese Mordversuche nannte sie, dass er [redacted] »unerträglich gekitzelt«, »während einer Dampferfahrt mit seinem Leben gespielt« (indem er ihn spielerisch über die Reling hielt) und das Kind einmal halb im Sand eingegraben habe. Zur Rede gestellt habe er sich entschuldigt, es sei nicht so gemeint gewesen. (Herr [redacted] bestreitet die Angaben vollständig.) Nicht nur gegenüber [redacted], auch ihr gegenüber habe Herr [redacted] sich »grausam« verhalten. Auch hier kann Frau [redacted] nur unklare Beispiele nennen: Er sei »unaufmerksam« oder »vergesslich« gewesen, habe sie »beim Lernen gestört« und mit anderen Frauen geflirtet.

Das Ende der 1950er Jahre in die klinische Praxis eingeführte Neuroleptikum Haloperidol – besser bekannt unter dem Markennamen *Haldol* – ist ebenfalls im Kontext der genannten psychopharmakologischen Revolution zu verorten. Seine neuroleptische Potenz, ein Maß der Wirksamkeit eines Neuroleptikums, wird um ein Fünfzigfaches höher veranschlagt als diejenige des ersten Neuroleptikums Chlorpromazin. Die Entdeckung von Haloperidol, das auf der 2019 publizierten, mittlerweile in der einundzwanzigsten Fassung vorliegenden

Liste der unentbehrlichen Arzneimittel der Weltgesundheitsorganisation *(WHO Model List of Essential Medicines)* genauso verzeichnet ist wie auf der ersten Fassung von 1977, wird als einer der größten Fortschritte auf dem Gebiet der Psychiatrie im zwanzigsten Jahrhundert angesehen. Über ein halbes Jahrhundert nach seiner Entwicklung ist Haloperidol eines der weltweit am häufigsten verschriebenen Neuroleptika; allein in Deutschland wurden laut *Arzneiverordnungs-Report 2019* im Jahr 2018 dreizehn Millionen siebenhunderttausend sogenannte definierte Tagesdosen Haloperidol à acht Milligramm verschrieben. Kostenpunkt pro definierter Tagesdosis: neunundvierzig Cent, netto. Alles in allem belaufen sich die Gesamtnettokosten der dreizehn Millionen siebenhunderttausend definierten Tagesdosen Haloperidol à acht Milligramm im Jahr 2018 in der Bundesrepublik also auf sechs Millionen siebenhundertdreizehntausend Euro.

Du betrittst den Dachboden Siehst dich um Du hast recht

[redacted] Ich stehe auf dem Schulhof, neben einem Mülleimer. Ich bin sieben oder acht Jahre alt.

[redacted] Er sieht das Kind an. Das Kind steht auf dem Hof. In der Hand ein reifenbreiter Spalt, der die Hand in zwei Hälften teilt. Er sieht durch den Spalt.

Das Kind streckt erst den Arm, dann den Zeigefinger in seine Richtung. Mit der anderen Hand beginnt es wieder zu kurbeln.

Die Speichen verschwimmen, klirren. Das Kind schiebt den Zeigefinger senkrecht gegen den Reifen. Es sieht ihm dabei in die Augen. Der Finger wird abgeschliffen, das Kind drückt ihn ins Gummi des Profils.

Dann schleift es die anderen Finger ab, den Rest der Hand.

Das Kind hebt den Armstumpf, kommt auf ihn zu. Das Hinterrad dreht langsam aus.

Das Kind stellt sich vor ihn, streckt den Arm waagerecht nach vorn. Er spürt, wie es nicht den Stumpf, sondern die abgeschliffene Hand auf seine Schulter legt. Die Berührung ist ganz leicht, er spürt sie kaum. Es fühlt sich kalt an. Das Kind sieht ihm in die Augen.

Er weicht dem Blick des Kindes aus, sieht über den Hof. Sein Sichtfeld – die Luft, der Wall, die Drahtzäune des Sportplatzes – zittert, zuckt einen Sekundenbruchteil zur Seite, schnellt wieder zurück.

Das Kind hebt den Armstumpf ein wenig, weist auf eine Stelle hinter sich.

Er sieht hin.

Da kommt jemand, von der anderen Seite, bleibt oben auf dem Wall stehen.

Er geht auf den Wall zu.

Er hört die Klingel scheppern, als die Reifen auf den Pflastersteinen aufkommen. Er sieht sich um. Das Kind fährt mit dem Fahrrad in Richtung Hort.

Er geht weiter. Er kommt kaum vorwärts. Seine Schritte. Nicht einmal halb.

Oben auf dem Wall eine Frau, sie geht im Kreis. Es ist nicht weit.

Ein schwacher Wind. Er hört sie. Wie sie redet.

Auffällig war bei Frau [redacted]s Schilderung, dass sie sich auf die genannten weniger schwerwiegenden Vorwürfe beschränkte. Erst bei direkter Konfrontation mit dem Polizeibericht vom [redacted] erklärte sie zusätzlich, dass Herr [redacted] sie »gewürgt und geschlagen« habe. Nähere Angaben wollte sie hierzu jedoch nicht machen. Zu dem angezeigten Ereignis befragt, gab Frau [redacted] an, dass Herr [redacted] sie bei einem Streit (im April [redacted]) an den Haaren gerissen und ihr »die Lunge abgequetscht« habe. Sie sei einen Moment bewusstlos gewesen und habe sich dann »durch einen Trick befreit«. Diesen »Trick« wollte Frau [redacted] allerdings nicht angeben. Frau [redacted] sprach hierbei von einem Mordversuch und gab an, dass Herr [redacted] sie später auch noch belästigt und verfolgt habe: Er habe immer wieder angerufen oder geklingelt. Danach befragt, ob sie sich denn nun nicht vor ihm fürchte, zeigte sich Frau [redacted] überrascht: Das könne sie nicht sagen, ob sie beunruhigt sei. Auch mit der in der Akte befindlichen Behauptung, Herr [redacted] sei nicht der Vater des Kindes, musste Frau [redacted] direkt konfrontiert werden (selbstständig konnte sie hierzu keine Erklärung abgeben). Sie bestätigte, dass Herr [redacted] nicht [redacted]s Vater sei, wollte aber keine Erläuterungen abgeben: Dies gehe den Unterzeichner nichts an. Während Rechtsanwalt [redacted] ein

Vaterschaftsgutachten nicht ausschloss, war der Kindesmutter dieser Punkt scheinbar gleichgültig.

Ich fahre für ein paar Tage zurück in mein Elternhaus, mein Vater holt mich abends vom Bahnhof ab. Am nächsten Tag, nach dem Frühstück, holt er die Prozessunterlagen, die er vom Rechtsstreit mit meiner Mutter aufbewahrt hat und die ich mit achtzehn oder neunzehn schon einmal zum Teil gelesen habe. Darunter ein Brief des Amtsgerichts, verfasst, als ich knapp zwölf Jahre alt war. Das Amtsgericht teilt meinem Vater darin mit, dass meine Mutter, wie aus der Anlage ersichtlich, meiner Namensänderung zustimme und sich die von meinem Vater beantragte Ersetzung ihrer Zustimmung daher erübrige. Die Anlage ist ein Brief meiner Mutter an das Amtsgericht – *Sehr geehrte Damen und Herren –,* in dem sie nach ihrer Zustimmung zur Namensänderung bedauert, dass mein Vater ihr jeglichen Kontakt zu mir, selbst den Briefkontakt, verwehre. *Mit freundlichen Grüßen.*

Er geht in Richtung Wall. Er geht auf die Frau zu. Er geht,
er geht,
er geht,
und
bei einem seiner Schritte
sieht er,
wie die Frau zeitgleich ihren Fuß aufsetzt auf die Grasnarbe,
und der Wall weicht ein kleines Stück zurück,
ungefähr einen Schritt,
und mit ihm der Sportplatz dahinter, die Drahtzäune,
alles weicht ein kleines Stück zurück.
Er geht weiter.
Der Wall weicht weiter vor ihm zurück.

Er geht auf ihn zu. Er sieht: Die Frau sieht ihn an. Er kann ihr Gesicht nicht erkennen. Er sieht nur ihren Blick, der auf ihn gerichtet ist – und kurz von ihm abkommt, wenn die Frau in ihrer Kreisbewegung den Kopf nicht mehr ausreichend drehen kann.

Er hört:

seine Schritte,

seine Schritte, gleichmäßig, auf den Pflastersteinen,

Wind,

wie die Frau redet,

ihre Schritte auf dem Boden des Walls, langsam

und dumpf, im Hintergrund, manchmal, das Echo

Hunderter Stimmen und Geräusche.

Und irgendwann kam so sukzessiv die, die, die, die körperliche Trennung. Dass sie mich nich mehr im Schlafzimmer haben wollte. Ich hab dann einfach im Wohnzimmer aufm Boden gepennt. Aufm Teppichboden. Ich hatte ja keine Matratze oder so was, einfach so da gepennt. Sie konnte wohl Nähe nich mehr haben, das is irgendwie gekommen.

Eine Tür schlägt zu. Laut hallt es über den Hof. Er dreht sich um. Vor dem Eingang des Kastens steht jemand.

Er geht weiter. Er geht weiter in Richtung Wall. Er hört eine Tür zuschlagen. Noch einmal.

Er sieht hin. Die Person macht die Tür auf, schmeißt sie wieder zu. Er geht weiter. Es kracht. Er bleibt stehen. Er dreht sich um.

Das Glas des linken Türflügels ist zersplittert, Scherben liegen davor. Er sieht, wie die Person einen Stein aus dem Pflaster löst, ihn mit beiden Händen in das Glas des rechten Türflügels wirft. Er hört es bersten.

Sie war in der, in der Liebe war sie total leidenschaftlich, das war Euphorie pur. Aber es muss irgendwas in ihr gewesen sein, was sie sich, was meine Nähe nich mehr haben konnte, irgendwas. Ich meine, Nähe kannste ja auch dazu nunutzen, jemanden ers ma an dich, an dich zu binden, durch Euphorie, zack, hasse den. Sie sah super aus, ja. Und irgendwann, wenne den hass, dann, dann wirdse andere Gefühle bekommen haben. Also, ich weiß auch nich, warum, das will ich auch gar nich sagen, ich will nur einfach sagen, sie hat diese Gefühle gehabt. Und dann die Eifersucht. Eifersucht auf alles, was, was nicht nur fraulicher Natur, sondern auch Freundschaften, »die sind alle doof«, hat sie gesacht, durften auch alle nich mehr anrufen. Und wenn doch einer anrufen sollte, dann durfte der, damals konntes du, dann gabs ja dieses Telefon mit der Wählscheibe, konntes du nur anrufen, wenn, und dann, wenn einer anrief, ging man nich ans Telefon, die is nich mehr ans Telefon gegangen. Und dann hatse zum Beispiel mit dem Vater klargekriegt, wenn der anrufen wollte, dann musste der einmal anrufen, zweimal klingeln lassen, auflegen und noch mal anrufen. Dann wusste sie, es is ihr Vater dran. Also sie hat einfach alle anderen Menschen schlechtgemacht. Ja, war so.

Er geht weiter.

[redacted] Ob sie noch sei wie damals.

Die Tante sieht ihn an.

Sie sei noch genau wie damals.

Ob sie noch hier sei.

Sie sei noch hier.

Wo genau sie sei.

Sie sei mal hier, mal dort. Sie erscheine und verschwinde, so wie damals. Niemand wisse genau, was sie mache. Nur selten bekomme sie jemand zu Gesicht, und wenn, habe sie nicht viel zu sagen. Man verstehe sie nicht richtig. Sie habe schon immer vor allem in ihrer eigenen Welt gelebt.

Hansens Mutter fragt: »Wohin, Hans?« Hans antwortet: »Zur Gretel.« »Mach's gut, Hans.« »Schon gut machen. Adies, Mutter.« »Adies, Hans.«

Hans kommt zur Gretel. »Guten Tag, Gretel.« »Guten Tag, Hans. Was bringst du Gutes?« »Bring nichts, gegeben han.« Gretel schenkt dem Hans eine Nadel. Hans spricht: »Adies, Gretel.« »Adies, Hans.«

Hans nimmt die Nadel, steckt sie in einen Heuwagen und geht hinter dem Wagen her nach Haus. »Guten Abend, Mutter.« »Guten Abend, Hans. Wo bist du gewesen?« »Bei der Gretel gewesen.« »Was hast du ihr gebracht?« »Nichts gebracht, gegeben hat.« »Was hat dir Gretel gegeben?« »Nadel gegeben.« »Wo hast du die Nadel, Hans?« »In Heuwagen gesteckt.« »Das hast du dumm gemacht, Hans, musstest die Nadel an den Ärmel stecken.« »Tut nichts, besser machen.«

»Wohin, Hans?« »Zur Gretel, Mutter.« »Mach's gut, Hans.« »Schon gut machen. Adies, Mutter.« »Adies, Hans.«

Hans kommt zur Gretel. »Guten Tag, Gretel.« »Guten Tag, Hans. Was bringst du Gutes?« »Bring nichts, gegeben han.« Gretel schenkt dem Hans ein Messer. »Adies, Gretel.« »Adies, Hans.«

Hans nimmt das Messer, steckt's an den Ärmel und geht nach Haus.

Du hast recht

Das ist jetzt ganz klar glasklar sonnenklar

Das ist jetzt ganz unmissverständlich

Da kann es jetzt nicht den geringsten Zweifel mehr geben

Du hast es die ganze Zeit vermutet

Aber jetzt weißt du es ganz sicher

Ich stehe auf dem Schulhof, neben einem Mülleimer. Ich bin sieben oder acht Jahre alt. Ich kann mich nicht bewegen.

[redacted] Er steht vor dem Eingang des Kastens. Vor ihm eine Frau, doppelt so groß wie er, sie fixiert ihn mit den Augen. Die Lippen aufeinandergepresst. In den Händen ein DIN-A4-Heft. Die Knöchel ganz weiß. Sie streckt ihm das Heft entgegen.

Er hätte sofort kommen sollen.

Sie sagt ihm, dass er, wenn er schon zurückkomme, die aufsuchen solle, die sich freuten, ihn zu sehen.

Sie sagt ihm, dass sie sich, trotz allem, freue, ihn zu sehen.

SIE DRECKSHAUFEN

Sie sagt ihm, dass er gern kommen könne, dass er aber nichts Neues finden werde, nur die immer gleichen Muster, nur Wiederholungen.

SIE WERDEN AN EINEM KARZINOM ERKRANKEN

Sie sagt ihm, dass das unter Umständen nichts Schlechtes sei, wahrscheinlich habe er ja alles vergessen.

VIELLEICHT BEKOMMEN SIE AUCH MULTIPLE SKLEROSE

Sie sagt ihm, dass er aber nicht ewig bleiben könne.

ABER WIESO ERSTECHE ICH SIE EIGENTLICH NICHT

Sie sagt ihm, dass er dieses Heft nehmen solle.

SIE SIND JETZT MEIN EXPERIMENT

Sie sagt ihm, dass er gehen solle, wenn das Heft voll sei.

SIE SIND NACH WIE VOR

Sie sagt ihm, dass er es dann vernichten solle.

MEIN GEGLÜCKTESTES EXPERIMENT

Ich sitze in meinem Zimmer, vor dem Schreibtisch, im zweiten Stock meines riesigen Elternhauses. Es ist Nachmittag, Herbst. An den Wänden Poster, Santana, Red Hot Chili Peppers, Miles Davis, Jeff Beck, Die Simpsons, auf einer Art Servierwagen aus silbern glänzendem Metall, den mein Vater aus Schrottteilen zusammengeschweißt hat, die alte Anlage meiner Oma, der Verstärker und das CD-Deck, die Boxen im Raum verteilt, auf einem Abstelltischchen ein kleiner Fernseher, davor ein Hocker, Drumsticks und eine Snare Drum mit Practice Pad, schwarzes Plastik, damit ich nicht so laut bin, wenn ich Filme schaue und meine Technikübungen abrattere – ein bis zwei Stunden täglich rechts-links-rechts-rechts-links-rechts-links-links, rechts-rechts-links-rechts-links-rechts-links-links, rechts-rechts-links-links-rechts-rechts-links-links etc. –, ich mache bald Abi und möchte Musik studieren, ich will Musiker werden, Schlagzeug. An der Rückwand das alte Ehebett, links ein Kleiderschrank, rechts ein Bücherregal, ein paar Bücher, CDs, über dem Schreibtisch ein Fenster, dahinter Äste eines kahlen Baums, die Rinde feucht vom Regen und fast schwarz, dahinter der bedeckte Himmel. Von unten die Stimme der Mutter meiner Brüder, ich kann sie bis hier oben hin hören, bis unter das Dach, sie schreit durchs ganze Haus, einer meiner kleinen Brüder hat etwas kaputt gemacht, etwas ausgeschüttet, macht nicht das, was er machen soll, und jetzt soll er es wegräumen, aufwischen, anders machen, ich weiß es nicht. Ich sitze am Schreibtisch, vor mir die gerichtspsychologischen Gutachten, die vor etwa fünfzehn, sechzehn Jahren über meine Mutter und mich angefertigt worden sind, die Sprache ist nüchtern und klar, einige mir unbekannte Fachbegriffe, die das Verständnis aber nicht allzu sehr erschweren; ich verstehe nahezu jedes Wort und verstehe doch kein einziges: Das Geschriebene dringt nicht zu mir durch, ich schiebe es weg, es ist zu groß, ich kann nichts damit anfangen. Wer sind die Personen, um die es da geht? Wer soll denn diese Frau sein? Und dieses Kind, das bin doch nicht ich? Das ist doch so lange her, das hat doch mit mir und meinem Leben nicht das Geringste zu tun. Und mein Vater sagt doch auch immer, dass alles gut sei, wenn da etwas zurückgeblieben wäre von dieser Zeit, dann hätte man das schon gemerkt, ist doch alles gut. Mir geht es doch gut. Ich lege die Gutachten weg, setze mich auf den Hocker, schalte den Fernseher an, schiebe einen Film in den DVD-Player und stelle das Metronom ein.

Die Frau streckt ihm das DIN-A4-Heft entgegen. Sie sehen sich an.

Er nimmt das Heft, nickt.

Sie beugt sich zu ihm hinunter. Er sieht in ihre Augen. Er sieht, wie er sich in ihnen spiegelt.

Sie richtet sich abrupt auf, dreht sich um, öffnet eine Tür. Einige Scherben werden zur Seite geschoben, kratzen über das Pflaster. Sie bleibt einen Moment vor der offenen Tür stehen.

Sie geht hinein, durch den Eingangsbereich, die Treppe nach oben. Er hört ihre Schritte.

Er schlägt das Heft auf, blättert die leeren Seiten durch, geht zurück zum Parkplatz.

Haloperidol kann sowohl oral, in Form von Tabletten oder Tropfen, verabreicht als auch gespritzt werden, intramuskulär oder intravenös. Letzteres birgt, wie entsprechende Fallbeispiele belegen, gravierende Risiken, beispielsweise schwere Herzrhythmusstörungen. – In Deutschland wird die intravenöse Injektion von Haloperidol seit 2010 nicht mehr empfohlen. Warum? *Janssen-Cilag,* die deutsche Dependance von *Janssen Pharmaceutica,* seines Zeichens Erstthersteller des Neuroleptikums, hatte im Zuge einer Analyse vorsichtig schlussfolgern müssen, dass die diesbezüglich für erforderlich gehaltenen Vorkehrungen im Klein-Klein der therapeutischen Alltagspraxis »nicht immer eingehalten wurden«.

Du hast recht Du hast recht Du hast es die ganze Zeit gedacht Du hast die ganze Zeit recht gehabt aber jetzt siehst du es auch Siehst es mit eigenen Augen und kannst es anfassen Du kannst es anfassen Du kannst es sogar riechen Du gehst ein paar Schritte nach vorn Du fasst es an riechst daran

Eine Variante der intramuskulären Injektion von Haloperidol ist die Verabreichung als Depotarzneiform. Hierbei verbleibt der Wirkstoff über eine längere Zeit im Körper (üblicherweise vier Wochen) und wird nur nach und nach freigesetzt. Ermöglicht wird so eine bessere ärztliche Kontrolle der Behandlung, da die behandelte Person das Neuroleptikum nicht nach eigenem Ermessen dosieren oder sofort absetzen kann. Depotinjektionen von Haloperidol sind in Deutschland seit 2017 nur dann erlaubt, wenn die behandelte Person zuvor stabil auf orales Haloperidol eingestellt worden ist.

Bis ich dann irgendwann gesacht hab, jetz is Schluss. Ja gut, dann kams du und, ja. Wie gesacht, wir ham uns bestimmt von den drei Jahren, wir waren drei Jahre zusammen, ein Jahr lang bis du dabei gewesen, das erste Jahr war sehr, war super, war toll, euphorisch, und im zweiten Jahr begann der ganze Krieg, aber da wurdes du, wurdese auch schwanger, ja. Dann wurdese schwanger, und dann kams du.

Er steht auf dem Parkplatz. Vor ihm ein Pkw. Die Tante sitzt darin.

[redacted] Du fasst es an riechst
Du spürst es Du riechst es Du siehst es
Jemand hat sich auf dem Dachboden erhängt

[redacted] Es klingelt. Sie geht zur Wohnungstür. Sie nimmt den Hörer der Gegensprechanlage, hält ihn sich ans Ohr.

Wer da sei.

Sie hört: eine männliche Stimme. Die Stimme sagt einen Namen.

Ihre Hand zuckt nach vorn. Der Arm gestreckt. Sie hält den Hörer von sich, in Richtung Wohnungstür. Sie bleibt so stehen.

Nach einiger Zeit beugt sie den Oberkörper etwas nach vorn, sieht in die Sprechmuschel.

Er solle hochkommen.

Sie legt den Hörer der Gegensprechanlage auf, drückt den Türöffner. Es summt.

Wieder zu Hause habe ich mir für einige Wochen die folgende Routine auferlegt: Ich stehe früh auf, mache mir einen Kaffee und Müsli, setze mich damit an den Schreibtisch, scanne die mitgebrachten Prozessunterlagen ein und archiviere sie auf meinem Laptop. Anwaltsschreiben beider Seiten, Schreiben des Jugendamts, gerichtliche Vorladungen und Gerichtsprotokolle, Gerichtsurteile, eine Gutschrift der Sparkasse – das Konto meiner Mutter, auf das mein Vater ihr den monatlichen Unterhalt für mich überwiesen hat, ist erloschen –, ein Artikel von 2010 über einen Entscheid des Bundesverfassungsgerichts, nach dem es verfassungswidrig ist, bei unverheirateten Paaren nur der Mutter das Sorgerecht zu geben, Kopien aus dem BGB, »Sechster Titel. Elterliche Sorge für nichteheliche Kinder«, handschriftliche Notizen meines Vaters, Material für ein Anwaltsschreiben: »psychischer Mord«, »Recht auf Leben«, »Unsinnigkeit des deutschen Rechts«. Ich scanne alles ein, versuche, den Prozess zu rekonstruieren, was mir nur teilweise gelingt, da manche Dokumente fehlen, ich lese alles und verstehe nichts.

Sie steht im Eingang der Wohnung. Die Tür, hellbraunes Holz, messingfarbene Klinke, ist nach innen geöffnet, in den Flur hinein. Der Flur ist schmal, kaum breiter als die Tür. Weiße, körnige Raufasertapete, anthrazitfarbener Teppichboden.

Sie steht im Eingang der Wohnung, sieht nach unten. Direkt vor ihr, auf den beigen Fliesen, die Fußmatte, braune abgetretene Härchen. Im Treppenhaus ein Geräusch, langsames Gehen, Schuhsohlen, die in einem gleichmäßigen Rhythmus auf die Stufen treffen, ein helles Knallen, das eine kurze Zeit nachhallt, sich über das Echo der vorhergehenden Schritte legt und vom Echo der nachfolgenden Schritte überlagert wird. Die Wohnung befindet sich im vierten Stock.

Sie sieht nach unten, auf die Fußmatte. Sie hört, wie das Geräusch der Schritte verebbt.

Sie hebt den Kopf.

Vor ihr, ein Stück hinter der Fußmatte, steht ein Mann.

Sie sieht ihn an. Er sieht sie an.

Was er wolle.

Er geht durch die Straßen der Stadt.

Die Fassaden der Häuser sind gleichmäßig verdreckt. So als wäre jahrzehntelang und ununterbrochen Rauch an ihnen nach oben gezogen, hätte sich nach und nach überall abgelagert. Die Fenster sind genauso schmutzig, trübe. Hier und da einige Bäume am Straßenrand, die Blätter farblos oder abgefallen.

Er gerät immer wieder an Enden.

Er geht von einer Haupt- in eine Seitenstraße,
geht diese hinunter,
und nach einigen Metern macht er einen weiteren Schritt auf dem Gehsteig,
und als er auftritt, ist alles weg,
die Straße ist weg, der ganze Raum ist weg, alles ist weg,
und er steht in einem Gestöber aus Flocken,
und die Flocken phosphoreszieren,
er steht in dämmrigem Licht,
und dahinter ist alles schwarz,
und die phosphoreszierenden Flocken wehen,
wehen langsam umher,
diagonal, sie wehen diagonal umher,
von oben nach unten wehen sie,
und von unten nach oben wehen sie,
und von rechts oben nach links unten wehen sie,
und von links unten nach rechts oben wehen sie,
und von links oben nach rechts unten und von rechts unten nach links oben

und kreuz und quer wehen sie,
und in alle Richtungen wehen sie,
und sie phosphoreszieren,
und sie phosphoreszieren,
und sie phosphoreszieren,
und sie wehen auf seinen Körper,
und sie wehen durch ihn hindurch,
kreuz und quer durch ihn hindurch,
und dahinter ist alles schwarz,

Da saß sie in ner Badewanne, das is ja, wo sie schwanger wurde, w-, wo sie schwanger war. Also, du bis im Herbst geboren, das heißt, sie muss schwanger geworden sein auch im Winter, ja. Ich komm jedenfalls zur Wohnungstür rein, sitzt sie in ner Badewanne, ja, es muss im Winter gewesen, wenn du, mit der ganzen, zehn Monate, kannste rückrechnen, muss im Winter gewesen sein, ja.

und hinter den Flocken ist alles schwarz,
und die Flocken phosphoreszieren,
und es ist, als wäre der Raum und als wäre alles im Raum Vorhandene,
Straße, Gehsteig, Häuser, Fassaden,
Fenster, Türen, Menschen etc.,
und als wäre der Raum und alles im Raum Vorhandene
lautlos explodiert
oder als wäre der Raum und alles im Raum Vorhandene
pulverisiert worden
und als leuchteten die Überreste noch schwach nach.

Dat is nu all lang heer, wol twe dusend Johr, do wöör dar en ryk Mann, de hadd ene schöne frame Fru, un se hadden sik beyde sehr leef, hadden awerst kene Kinner, se wünschden sik awerst sehr welke, un de Fru bedd'd so veel dorüm Dag un Nacht, man se kregen keen un kregen keen.

Die Straße ist weg, der ganze Raum ist weg, alles ist weg.
Er steht im Gestöber phosphoreszierender Flocken, Funken, und dahinter ist alles schwarz.
Er geht weiter.

2015 veröffentlicht die israelische Soziologin Orna Donath in der Fachzeitschrift *Signs* einen Artikel mit dem Namen *Regretting Motherhood: A Sociopolitical Analysis.* Darin präsentiert und analysiert sie die Ergebnisse von Interviews mit 23 israelischen Müttern, die es bereuen, Mutter geworden zu sein, und die dementsprechend, könnten sie sich erneut entscheiden, nicht noch einmal Mutter werden würden. In Deutschland schlägt die Studie hohe Wellen und löst unter dem Hashtag *#regrettingmotherhood* eine intensive Debatte aus.

Vör erem Huse wöör en Hof, dorup stünn en Machandelboom, ünner dem stünn de Fru eens im Winter, un schelld sik enen Appel, un as se sik den Appel so schelld, so sneet se sik in'n Finger un dat Blood feel in den Snee. »Ach,« säd de Fru, un süft'd so recht hoog up, un seg dat Blood vör sik an, un wöör so recht wehmödig, »hadd ik doch en Kind, so rood as Blood un so witt as Snee.« Un as se dat säd, so wurr ehr so recht fröhlich to Mode: ehr wöör recht, as schull dat wat warden.

Er geht weiter.
Seine Schritte sinken leicht ein.
Die Fläche, über die er geht,
ist keine Straße, kein Gehsteig, kein Boden,

da ist nichts.
Er geht weiter.
Die Fläche, über die er geht
und in der seine Schritte leicht einsinken,
ist weich wie eine Matratze.
Er geht weiter.

Er geht weiter,

und er hört nichts,
nicht das Geräusch seiner Schritte
und nicht das Geräusch seines Atems
und nicht das Geräusch seines Mundes,
wenn er ihn öffnet und schließt.
Um ihn die Flocken, Funken,
über ihm die Flocken, Funken,
unter ihm die Flocken, Funken,
in ihm die Flocken, Funken,
und dahinter ist alles schwarz.

BETREFF: Re: Aw: Re: Aw: Re: Aw: Re: Aw: Re: BAföG
In der vorletzten Mail, die mir meine Mutter schreibt, bedankt sie sich zunächst für das schöne Foto von mir. Dann bittet sie mich darum, sie nicht mit ihrem Vornamen anzusprechen. Schließlich sei und bleibe sie meine Mama. Früher hätte ich übrigens auch das Wort *Mama* oder *Ma* über die Lippen gebracht. Vielleicht würde ich es einmal versuchen. Mein Sohn, schreibt sie, und dass wir bleiben sollten, wer wir seien. *Bleiben wir, wer wir sind, mein Sohn.* Dann rät sie mir, nicht zu trampen. Warum ich nicht den Zug nähme, so teuer könne das nicht sein, dafür wäre es aber umso sicherer. Ich wisse nie, an wen ich gerate, wenn ich in ein fremdes Auto einsteige. In

meiner Urlaubsplanung solle ich dies bitte bedenken. *Einen schönen Urlaub. Herzliche Grüße deine Mama.*

Ich antworte ihr, dass ich nicht *Mama* zu ihr sagen könne. Aber ich sähe sie sehr gern wieder. *Liebe Grüße.*

Keine Antwort.

Komm ich zur Wohnungstür rein, rechts war das Badezimmer, so ne alte Badewanne mit, mit so Füßen, wie man die früher hatte, gar nich so integriert ins Mauerwerk, und da saß sie drin, und auf der, über sich, das Wasser so bis zum Bauchnabel, und über sich so n Brett, und da stand ne Flasche Wein drauf, sie trank Wein. Ich kannte das, was das bedeutet, weil sie mir das mal erklärt hatte, was das heißt, weil sie das nämlich schon mal gemacht hatte, sie war schon in, bevor sie mich kennengelernt hat, war sie schwanger geworden von nem Portugiesen, sie war in Portugal im Urlaub, und sie hatte, sie hatte dann mit diesem Prozedere das abgetrieben. Also mir war klar, sie is jetz grad schwanger und will abtreiben.

Ein zentrales Ergebnis der Studie von Donath ist, dass die befragten Mütter nicht etwa ihre Kinder ablehnen, sondern die Existenzform der Mutterschaft an sich. Die meisten geben an, ihre Kinder zu lieben, es jedoch zu hassen, Mutter zu sein. In ihrer Darstellung nimmt Donath die analytische Trennung von Objekt (Kinder) und Erfahrung (Mutterschaft) vor.

Die vehemente Ablehnung der Mutterschaftserfahrung, wie sie von den interviewten Müttern beschrieben wird, ist in diesem Sinn vollkommen unabhängig von den Kindern, Kindern, die über Monate in den Körpern der Mütter gelebt haben, die von ihnen unter Schmerzen geboren wurden und denen die Mütter einen Großteil ihres Lebens gewidmet haben und immer noch widmen.

Hinter ihm die Straße,
aus der er gekommen ist,
die Straße, aus der er,
die Straße,
und hinter ihm, und er,
hinter ihm, er steht hinter ihm,
hinter ihm, am Ende der Straße,
aus der er gekommen ist.
Er geht weiter.

Do güng se to dem Huse, un't güng een Maand hen; de Snee vorgüng: un twe Maand, do wöör dat gröön: un dre Maand, do kömen de Blömer uut der Eerd: un veer Maand, do drungen sik alle Bömer in dat Holt, un de grönen Twyge wören all in eenanner wussen: door süngen de Vögelkens dat dat ganße Holt schalld, un de Blöiten felen von den Bömern: do wörr de fofte Maand wech, un se stünn ünner dem Machandelboom, de röök so schön, do sprüng ehr dat Hart vör Freuden, un se füll up ere Knee un kunn sik nich laten; un as de soste Maand vorby wöör, do wurren de Früchte dick un staark, do wurr se ganß still; un de söwde Maand, do greep se na den Machandelbeeren, un eet se so nydsch, do wurr se trurig un krank; do güng de achte Maand hen, un se reep eren Mann, un weend un säd »wenn ik staarw, so begraaf my ünner den Machandelboom.«

Er steht am Ende der Straße,
der Straße, aus der er gekommen ist,
und sieht, sieht sich an,

sieht sich an, wie er weitergeht,
weitergeht durch die Flocken, Funken,
und dahinter ist alles schwarz,
weitergeht durch die Flocken, Funken,
und dahinter –
Er steht am Ende der Straße,
der Straße, aus der er gekommen ist,
sieht sich an,
sieht sich an, wie er weitergeht,
und dahinter ist alles schwarz.

Er wird langsamer, langsamer. Er wird immer langsamer.

Er geht in die Knie, berührt mit den Fingern die schwarze Fläche, auf der er steht und durch die Flocken wehen und durch die Funken wehen und die so weich ist, die so weich wie eine Matratze ist und die unter dem Druck seiner Finger etwas nachgibt, nachgibt, wie eine Matratze nachgibt unter Gewicht, und die wieder glatt wird, eben, wenn er die Finger hebt, er hebt die Finger, die Fläche wird wieder eben, die schwarze Fläche wird wieder gleichmäßig eben, Flocken wehen hindurch, Flocken wehen durch ihn hindurch, Funken, er setzt sich hin, die Fläche sinkt leicht nach unten, er setzt sich auf die Fläche wie an den Rand eines Betts, setzt sich, und vor ihm baumeln die Beine ins Leere, und unter ihm ist alles schwarz, und er sitzt auf der Fläche wie am Rand eines Betts, das jemand an den Rand einer Planke gestellt hat, und um ihn und über ihm und unter ihm ist alles schwarz, schwarz, und Flocken, Funken und Flocken, Funken, und seine Beine baumeln wie vom Rand eines Betts, wie vom Rand einer Planke in die schwarze Leere.

Du siehst es an Du fasst es an riechst
Du siehst es Du spürst es Du riechst es
Jemand hat sich auf dem Dachboden erhängt

Er sieht sich an. Er sieht: An mehreren Stellen seines Körpers löst sich seine Kleidung auf, löst sein Körper sich in kleinen Teilen von ihm ab, und die Teile schweben nach oben wie Luftbläschen im Wasser, Beine, Arme, Hände, Füße, Bauch und Brust

Flocken, Funken
Flocken, Funken
und phosphoreszieren
und schweben nach oben wie Luftbläschen im Wasser,
wehen umher
und wehen durch ihn hindurch
und dahinter ist alles schwarz
und winzige Löcher in seinem Körper
Beine, Arme, Hände, Füße, Bauch und Brust
und dahinter ist alles schwarz

Do wurr se ganß getrost, un freude sik, bet de neegte Maand vorby wöör, do kreeg se en Kind so witt as Snee un so rood as Blood, un as se dat seeg, so freude se sik so, dat se stürw.

In einem anderen Teil ihres Artikels schreibt Orna Donath über die Emotion der Reue. Sie konstatiert, einen großen Korpus Forschungsliteratur zusammenfassend, dass Reue in westlichen Gesellschaften zwar häufig nicht positiv bewertet werde – was vorbei ist, ist vorbei –, aber in nahezu allen Lebensbereichen zumindest ausgedrückt werden dürfe. Dies betreffe so unterschiedliche Kontexte wie Berufs-, Studien- und Partnerwahl, die Gestaltung der eigenen Freizeit, Hobbys, Geld, Gesundheit, Freundschaften etc. Mutterschaft liege demgegenüber außerhalb jenes »Reichs der Reue«. In diesem Sinne werden entsprechende Statements von der gesellschaftlichen Mehrheit als inakzeptabel zurückgewiesen.

Dann hab, ich kam dann rein, hab das gesehn und hab dann gesacht: »Raus.« Also mein Impuls war einfach: »Raus, ich will das nich.« Isse auch rausgegangen.

Jemand hat sich auf dem Dachboden erhängt
Jemand hängt am Dachbalken und ist tot
Jemand hängt vom Dachbalken herab baumelt taumelt
Jemand schwingt schwankt kippt wippt hin und her ist tot

Er bleibt sitzen, sieht sich an. Dann steht er auf, rennt,
rennt zur Straße, aus der er gekommen ist, rennt,
rennt zur Hauptstraße zurück.

Weihnachtszeit. Meine Freundin und ich sind bei einer gemeinsamen Freundin eingeladen, wir sitzen in ihrer Küche, mit etwa zehn anderen Menschen, fünfundzwanzig bis fünfunddreißig Jahre alt, es gibt Glühwein, weiß und rot, und alkoholfreien Punsch, es gibt Lebkuchen, Schokolade, Brownies, Quiche, Nüsse, Chips, Rohkost. Alle sind nett, alle sind witzig, alle sind schlau, alle wissen, was sie wollen, oder sehen zumindest so aus, hören sich so an, und alle reden gleichzeitig, alle sind laut. Ich sitze neben meiner Freundin, an einem größeren, weiß überstrichenen Tisch, von dem hier und da die Farbe blättert, vor mir ein halb voller Plastikbecher Punsch, und ich spüre, wie sich eine Glaswand zwischen mich und die anderen schiebt, langsam, vor meinem Oberkörper. Es ist erst zehn Uhr abends, aber ich bin todmüde und schäme mich, weil alle laut drauflosreden, und ich, denke ich, kann das nicht, und weil alle wissen, wovon sie reden, und ich, denke ich, weiß es nicht, und das stimmt nicht, denke ich, das stimmt nicht, ich weiß, dass das nicht stimmt, aber irgendwas an dieser Situation hat bewirkt, und irgendwas an dieser Situation bewirkt noch immer, dass ich denke, ich kann das nicht, mit über dreißig Jahren, denke ich, kann ich nicht einfach so drauflosreden und raushauen, was mir gerade durch den Kopf geht, wie ich dieses oder jenes finde, wie ich dieses oder jenes angehen würde, und ich weiß, dass das nicht stimmt, überhaupt nicht stimmt, und gleichzeitig stimmt es, nämlich jetzt, jetzt stimmt es und ist es genau so, wie es sich anfühlt, und wenn ich mich doch einmal traue, den Mund aufzumachen, kommt da nur etwas Einsilbiges heraus, und dann werde ich gefragt, was ich gerade gesagt habe, weil ich es offenbar so leise gesagt habe. Die Glaswand zwischen mir und den anderen schiebt sich weiter vor, schiebt sich kreisförmig um meinen Oberkörper herum, eine Röhre, und die Röhre wächst nach unten, um meinen Körper und den Stuhl, bis sie das abgelaufene Parkett berührt, dann wächst die Röhre nach oben, ein paar Zentimeter über meinen Kopf, und zwischen den oberen, fingerdicken Kreisrändern beginnt seitlich das Glas zu wachsen, und dann ist der Deckel perfekt, und ich bin lückenlos, rundherum, von der Glaswand eingeschlossen. Die anderen sind draußen, und ich bin hier drinnen, ich kann sie sehen und hören, wir sitzen ja alle an einem Tisch, aber gleichzeitig sind sie unendlich weit entfernt; ich verstehe, was sie sagen, Arbeit, Freizeit, Freunde, Familie, Liebe, Gesellschaft, Politik, Kunst, Kultur, ich verstehe ihre Blicke und was ihre Mimik, was die Bewegungen ihrer Arme und Hände bedeuten, die Positionierung ihrer Körper im Raum, und gleichzeitig sehe ich nichts als dekontextualisierte Gesichtsausdrücke, dekontextualisierte Gestik und dekontextualisierte Körper, auf den Lungen plötzlich ein unsichtbares Gewicht, als hätte mir jemand einen Gullydeckel auf die Brust gelegt. Ich sitze also inmitten der Leute, inmitten wohlmeinender, freundlicher Menschen, die Essen und Trinken mitgebracht oder sogar selbst gemacht haben und alles miteinander teilen und die, vielleicht eine Woche vor Heiligabend, einige Tage bevor sie aus der Stadt zu ihren Familien reisen werden, noch einmal einen Abend im Freundeskreis verbringen wollen, ich sitze am Tisch, vor mir ein Plastikbecher mit Punsch, an dem ich manchmal nippe, um mich der Glaszylinder, und ich sage so gut wie nichts, nur manchmal Ja oder Hm, und manchmal lache ich auch zustimmend, um nicht aufzufallen, und halte mich an meiner Freundin fest, die nichts zu bemerken scheint, und als wir endlich nach Hause gehen, bin ich vollkommen erledigt.

Auf der Hauptstraße ist seine Kleidung, sein ganzer Körper unversehrt, vollkommen unversehrt. Er geht weiter. Er geht weiter. Er biegt in eine Seitenstraße ein. Er geht weiter. Dann ist die Seitenstraße weg, die Häuser, der Gehsteig, der Asphalt, alles ist weg, und um ihn und über ihm und unter ihm: alles schwarz. Er geht weiter. Dann rennt er zur Hauptstraße zurück. Er geht weiter, biegt in eine Seitenstraße ein. Er geht weiter. Dann ist die Seitenstraße weg, und um ihn und über ihm und unter ihm: alles schwarz. Er geht weiter. Dann rennt er zur Hauptstraße zurück. Er geht weiter.

[redacted] Sie steht in der Wohnungstür. Der Mann steht vor ihr, im Treppenhaus.

Sie sehen sich an.

Sie wohne also immer noch hier. Er habe es erst nicht geglaubt.

Ja. Sie wohne immer noch hier. Sie habe fast ihr ganzes Leben hier gewohnt. Aber das wisse er ja. Was er wolle.

Sie solle sich beruhigen. Er werde es ihr sagen. Sie müsse etwas für ihn tun.

Was sie schon für ihn tun könne. Warum er ihr nicht geschrieben habe.

Er habe ihr geschrieben. Er müsse ihr jetzt etwas geben.

Was.

Ein Formular. Er habe es ihr bereits geschickt. Aber sie habe es nicht ausgefüllt und weitergeschickt.

Das stimme nicht. Sie habe alles ausgefüllt und weitergeschickt, was er ihr geschickt habe. Er solle jetzt gehen.

Nein. Dieses Formular habe sie nicht weitergeschickt.

Er streckt den Arm aus, hält ihr einen braunen Briefumschlag hin.

Sie steht in der Wohnungstür. Der Mann steht vor ihr, im Treppenhaus. Sie sind etwa gleich groß.

Der Arm des Mannes ist waagerecht nach vorn gestreckt.

Sie sieht den Briefumschlag an. Sie sieht den Mann an.

Ja, dann turnte die in der Wohnung rum, und die war durchgeknallt, ich hatte dich, mitm kleinen Kind und Geld verdienen, nebenbei hatte ich noch n Job und musste Geld verdienen, das war schon, es war schon scheiße, ja. Jedenfalls hab ich dann irgendwann die Reißleine gezogen und hab einfach gesacht, das, das wird hier nichts. Und ich musste einfach auch mein eigenes Leben retten. Und vor allen Dingen deins. Und ich wusste, das geht nich, indem ich jetz hierbleibe, ich werd sie nich dahin bewegen können, sich vernünftig zu, das ist krankhaft. Dann hab ich mich getrennt von ihr, und ich wusste, dass ich jetz erst mal n bisschen verl-, oder dass ich dich verliere.

Der Mann steht vor ihr.

Der Mann steht vor ihr, reglos wie ein Wanderstock.
Der Mann hält ihr den Briefumschlag entgegen.
Der Mann sagt etwas.
Sie sieht ihn an.   Sie sieht den Mann an.
Sie sieht ihn an.

Der Mann sagt etwas.

Sie sieht ihn an.

Und sie sieht: Der Arm löst sich von der Schulter
wie eine Pflanze, die langsam aus der Erde gezogen wird.
Es gibt kein Geräusch.
Der Arm gleitet nach vorn,   ein, zwei Zentimeter,
der Arm bleibt so stehen,
der Arm: parallel zu den Fliesen des Treppenhauses,
nah am Körper,
zwischen Armansatz und Schulter ein Spalt Luft,
der Briefumschlag,

sie sieht in den Spalt.

Dann hat sie drei oder vier Monate später, ich glaub so im Frühjahr, da kriegte sie nen zweiten Schub, und da kam ich irgendwie wieder mit ihr in Kontakt. Und dann wurde sie ins Klinikum gebracht, wo der Psy-, wo sie dann stationär aufgenommen wurde, und der Arzt sagte, sie hat eine Psychose und is jetz abgetaucht. Die einzige Situation, die ich dann noch so real weiß, dass ich dich aufm Arm hatte mit deinen anderthalb oder so Jahren, und sie vor mir stand und sagte: »Wer hat den denn zusammengeflickt?«

Da kriegte seine Frau ein Kind, das war oben ein Igel und unten ein Junge, und als sie das Kind sah, erschrak sie und sprach: »Siehst du, du hast uns verwünscht!«

Da rief sie noch einmal: »Wo bist du?« »Ach, hier im Bette, da schlaf ich«, rief der dritte Blutstropfen. Sie ging in die Kammer ans Bett. Was sah sie da? Ihr eigenes Kind, das in seinem Blute schwamm und dem sie selbst den Kopf abgehauen hatte.

Und ich hab halt von ner andern Seite halt mit Ämtern und Gericht gekämpft.

Und wie das Kind geboren war, starb die Königin.

Auf eBay finde ich schließlich ein bezahlbares Abspielgerät für Mikrokassetten. Ich habe nicht nur die Prozessunterlagen aus meinem Elternhaus mitgenommen, mein Vater hat mir auch einen Anrufbeantworter und vier Mikrokassetten mitgegeben. Der Anrufbeantworter ist sichtbar beschädigt, das beige Plastikgehäuse an manchen Stellen weggebrochen, ein paar größere, gezackte Lücken, die Abspieltaste hängt an einem Kabel, das seitlich aus dem Gerät herausragt und sich dann wie ein Laternenmast nach unten biegt. Wenn die Abspieltaste gedrückt werden soll, muss sie vorsichtig in die zu ihr passende rechteckige Auslassung im Gehäuse zurückgelegt werden, der Anrufbeantworter funktioniert so allerdings lediglich sekundenweise und auch nur dann, wenn man zwei lose Kabelenden an die Kontakte einer 9-Volt-Blockbatterie hält. Die Kassetten sind jedoch intakt, nur für normale Kassettendecks zu klein. Ich bestätige den Kauf und überweise 20,78 Euro auf das Konto des Händlers. Als etwa eine Woche später ein *Microcassette Recorder* von Panasonic, *Model RN-122, Made in Japan,* in unserer Wohnung eintrifft, ein schwarzes, rechteckiges Gerät, ungefähr so groß wie meine Hand, lege ich die Mikrokassetten nacheinander in das Kassettenfach, drücke auf Play und höre zum ersten Mal seit über zwanzig Jahren die Stimme meiner Mutter.

Der Mann steht vor ihr, sagt etwas. Sie sieht den Briefumschlag an.

Dann streckt sie den Arm, nimmt den Briefumschlag, zieht den Arm zurück.

Sie sieht auf den Arm des Mannes. Der Arm hängt an der Körperseite zu Boden, zwischen Schulter und Armansatz ein Spalt Luft.

III

[redacted] Er spricht einen Passanten an.

Wo die Straße sei, in der das Haus stehe.

Er sei schon da. Es sei diese Straße. Das Haus stehe dort.

Dort könne er kaum etwas erkennen. Dabei sei es, wie es scheine, nicht sehr weit entfernt.

Ja.

Ob er mehr erkennen könne, wenn er näher komme.

Ja. Allerdings werde es, wenn er zu nahe komme, wieder schlechter.

Vier Monate nach der Geburt setzten psychotische Symptome ein (die Zeit nach der Entbindung begünstigt das Auftreten von endogenen Psychosen durch bestimmte zentral-vegetative neurohormonale Vorgänge, die als Auslösefaktoren wirken). Frau [redacted] entwickelte nach Herrn [redacted]s Schilderung eine starke motorische Unruhe, befand sich auch nachts in erregten Zuständen und schlief wenig. Als erste problematische Symptome erinnert er, dass sie Kabel (Stereoanlage) durchgeschnitten habe, Verfolgungsideen zeigte und erstaunt über die Existenz [redacted]s war (»Wer hat den denn zusammengeflickt?«). Andere Wahnvorstellungen Frau [redacted]s werden von ihren Eltern berichtet. Sie habe im Haus und in der Nachbarschaft nach einer Person geforscht, von der sie sich verfolgt gefühlt habe, oder nicht nachvollziehbare Zusammenhänge in der Umwelt gesehen (»In diesem Haus ziehen alle Leute aus, was hat das zu bedeuten?«). Aus den Schilderungen sowohl ihrer Eltern, der Eheleute [redacted], als auch des früheren Partners geht hervor, dass Frau [redacted] seit März [redacted] unter Verfolgungswahnvorstellungen litt, die nicht an der Realität zu messen waren. Nach Angabe Herrn [redacted]s gelang es schließlich, die Mutter zum Besuch eines Psychiaters (Dr. [redacted]) zu bewegen, welcher eine Schwangerschaftspsychose diagnostiziert und Mesaforte (indiziert bei akuter und chronischer Schizophrenie) verordnet habe. Frau [redacted] brach die Behandlung nach einigen Besuchen ab und setzte auch die Medikation ab.

BETREFF: Re: Aw: Re: Aw: Re: Aw: Re: BAföG
Meine Mutter schreibt mir. Sie schreibt, dass sie ein paar Fotos gefunden habe, auf denen ich als Kleinkind zu sehen sei. Sie werde mir diese Fotos allerdings erst zeigen, wenn ich käme – damit sie nicht verloren gehen könnten. Über ein aktuelles Foto von mir würde sie sich sehr freuen. Für morgen an der Uni wünsche sie mir viel Erfolg. *Bis bald. Herzlichste Grüße deine Mama.*

Er steht im Eingang des Hauses. Vor ihm die Tür, rechts neben ihm, aus Messing, die Namensschilder und Klingeln. Daneben der Lautsprecher der Gegensprechanlage.

Er dreht sich um und sieht zu beiden Seiten die Straße hinunter. Er sieht Pkw und Fahrradfahrer und Passanten, die aus der einen oder anderen Richtung kommen und nach ein paar Metern in die eine oder andere Richtung verschwinden. Er hört Fahr- und Bremsgeräusche, Klingeln, Schritte, manchmal, undeutlich, einige Worte.

Er dreht sich wieder zur Tür, sieht zu den Schildern und sieht, wie das Messing im Licht etwas glänzt und das Bild seines Gesichts verzerrt spiegelt. Er sieht, dass keine Namen neben den Klingeln stehen.

Einige Zeit bleibt er so stehen und betrachtet seine Spiegelung.

Er geht zur Straße, hält einen Pkw an.

Die Fahrerin kurbelt die Fensterscheibe nach unten.

Er habe nun das Haus gefunden, wisse aber nicht, wo er klingeln solle. Ob sie es wisse.

Es sei egal. Es sei ja immer die gleiche Klingel. Was er denn denke, wer hier sonst noch wohne.

Daran habe er nicht gedacht. Er habe nur das Haus finden wollen.

Du siehst nach oben Siehst auf den Dachbalken dann auf den Strick

Er geht zurück zum Haus, klingelt.

Einen Moment lang Stille, dann eine Stimme.

Wer da sei.

Er sagt seinen Namen.

Stille.

Er wiederholt seinen Namen.

Stille.

Er drückt auf eine andere Klingel.

Wieder die Stimme.

Wer da sei.

Er sagt seinen Namen. Ob er hereingelassen werden könne.

Stille.

Er drückt auf eine andere Klingel.

Die Stimme.

Wer da sei.

Er sagt seinen Namen.

Stille.

Er bleibt vor der Tür stehen, bis er überall geklingelt hat.

Du siehst nach oben Siehst auf den Dachbalken auf den Strick Siehst auf den Körper Du fasst den Körper an Du riechst an dem Körper Du siehst den Körper ganz genau an Du untersuchst ihn Du suchst den Körper ab

Er hält einen Radfahrer an.

Warum ihm niemand öffne.

Das könne er ihm nicht sagen.

Was er machen solle.

Das könne er ihm auch nicht sagen. Ob er denn schon geprüft habe, ob überhaupt abgeschlossen sei.

Nein.

Außerdem habe er ja auch einen Schlüssel.

Du inspizierst den Körper
Du inspizierst den Körper
langsam   Du gehst mit äußerster Genauigkeit vor
Du inspizierst den Körper
Du bist zu äußerster Genauigkeit fähig
mechanische Genauigkeit   perfekte Genauigkeit
Du bist befähigt zu
perfekter Genauigkeit
perfekter Objektivität

Er öffnet die Tür.

Nein

Nein

Es kann keinen Zweifel geben Es hat nie einen Zweifel gegeben

Wenn ich mit meinen Brüdern über ihre Mutter spreche, weiß ich oft nicht, ob ich Mama sagen oder ihren Vornamen benutzen soll.

Er tritt über die Schwelle,

und dahinter ist alles schwarz
und dahinter ist alles schwarz
und über ihm und unter ihm   Flocken, Funken
und um ihn und an ihm vorbei   Flocken, Funken
und gegen ihn und durch ihn hindurch   Flocken, Funken
und immer wieder durch ihn hindurch   Flocken, Funken
Flocken, Funken   Flocken, Funken   Flocken, Funken
und Böen   Böen aus Flocken   Böen sind es
und Böen aus Funken   Flocken, Funken   Flocken, Funken
und ein Prasseln   ein Prasseln ist es   Flocken, Funken
Flocken, Funken   Flocken, Funken   Flocken, Funken
und schießen gegen sein Gesicht   Flocken, Funken
und schießen hindurch   Flocken, Funken
und schießen durch sein Gesicht hindurch
Flocken, Funken
und dahinter ist alles schwarz
und Böen sind es   und ein Prasseln   Flocken, Funken
und Böen und Prasseln   Böen   Böen   Böen
und reißen, reißen an seinem Gesicht   Flocken, Funken
und reißen an seinem Gesicht   Flocken, Funken
und reißen   Flocken, Funken
und reißen an Armen, Beinen, Händen, Füßen, Haut
Flocken, Funken
und reißen   Flocken, Funken
und reißen winzigste und haarfeine Risse
und mit dem Auge kaum erkennbare Risse

und Flocken sind es   und Funken   Flocken, Funken
Flocken, Funken   Flocken, Funken   Flocken, Funken
und dahinter ist alles schwarz
und dahinter ist alles schwarz
und dahinter ist alles schwarz

er bleibt stehen.

Nein

Haloperidol gilt, wie bereits erwähnt, als hochpotentes Neuroleptikum. Das heißt: Zwar sind im Fachdiskurs auch anderslautende Stimmen vernehmbar, nach denen die psychosehemmende Wirksamkeit von Neuroleptika im Allgemeinen und damit auch diejenige von Haloperidol im Besonderen weitaus geringer einzuschätzen ist, mehrheitlich jedoch wird dem Präparat attestiert, Wahnvorstellungen und Halluzinationen effektiv zu unterdrücken. Erklärt wird diese Reaktion der mit Haloperidol behandelten Personen mit der Blockade spezifischer Dopaminrezeptoren.

Nein

Die so entstehende Dopaminreduktion provoziert allerdings in nicht wenigen Fällen erhebliche Nebenwirkungen, beispielsweise sogenannte extrapyramidale Störungen, wie sie auch bei Morbus Parkinson auftreten (daher werden entsprechende haloperidolbedingte Nebenwirkungen auch als Parkinsonoid bezeichnet). In diesem Sinne sollte Haloperidol, so legen es zumindest Adams, Bergman, Irving und Lawrie nahe, die in ihrer 2013 publizierten Review *Haloperidol versus placebo for schizophrenia* fünfundzwanzig diesbezügliche randomisierte

Studien mit insgesamt 4651 untersuchten Personen ausgewertet haben, nur dann zur Suppression psychotischer Symptome eingesetzt werden, wenn die Anwendung eines anderen, weniger unerwünschte Nebenwirkungen nach sich ziehenden Neuroleptikums unmöglich ist.

Nein

Nein

Es kann keinen Zweifel geben Es hat nie einen Zweifel gegeben

Ein Zweifel hat nie bestanden

Es ist ganz klar glasklar sonnenklar

Der Nachbar hängt oben herab

Nur meine Mutter weiß, was in den circa einundzwanzig Monaten geschehen ist, als wir beide allein waren.

Und die Fläche ist schwarz, und es gibt sie nicht,

und die Fläche ist weich wie eine Matratze, und es gibt sie nicht, und er sinkt langsam in die Fläche ein, und es gibt sie nicht, und er sinkt Millimeter um Millimeter immer weiter in die Fläche ein, und es gibt sie nicht, und er sinkt Zentimeter um Zentimeter immer weiter in die Fläche ein und Meter um Meter, und er sinkt in die Fläche ein, und er sinkt nach unten, und die Fläche ist schwarz, und die Fläche ist weich wie eine Matratze, und die Fläche gibt es nicht, und er sinkt und sinkt und sinkt, und es gibt ihn nicht, und er sinkt und sinkt und sinkt, und es gibt ihn nicht, und er öffnet den Mund, Stille, und er schließt den Mund, Stille, und es gibt ihn nicht, und es gibt ihn nicht, Funken gibt es, Flocken gibt es, Böen gibt es und Prasseln, Böen, Böen, Böen gibt es, und ihn gibt es nicht, und die schwarze Fläche gibt es nicht, und er öffnet den Mund, Stille, und er schließt den Mund, Stille, und er öffnet den Mund nicht mehr, Stille, und er presst die Lippen zusammen, Stille, und er schluckt, Stille, und er schluckt, Stille, und er schluckt, Stille, und er schließt die Augen, Stille, und er schließt die Augen, Stille. Stille. Er schließt die Augen. Stille.

Er schließt die Augen. Er hält die Augen geschlossen.

Er hält sie geschlossen.

Er hält die Augen geschlossen,

und weit vor sich, hinter den Lidern,

und er hält die Augen geschlossen,

und weit vor sich, hinter den Lidern,

und er hält die Augen geschlossen,

und weit vor sich, hinter den Lidern,

sieht er Nachmittagslicht

und Konturen,
die Konturen eines niedrigen Drahtzauns
und dahinter einen Sandkasten,
eine Schaukel,
eine Rutsche
und Bänke an den Seiten

etc.

Er öffnet die Augen, dreht sich um
und er sieht sich in der Eingangstür stehen
und er sieht sich in der Eingangstür stehen
und er steht in der Eingangstür
der Tür, durch die er gekommen ist
und er sieht seine halb geschlossenen Augen
und er sieht: seine Hand
seine Hand liegt auf dem Knauf der geöffneten Tür
und sein Fuß ist einige Zentimeter in die Luft gehoben
und erstarrt
und er sieht: er steht in der Tür und ist erstarrt
und er sieht sich an

und er hört auf, sich anzusehen
und er blickt an sich hinunter
um ihn und über ihm und unter ihm und an ihm vorbei
und seine Kleidung, T-Shirt, Hose, Socken, Schuhe, und seine Arme, Hände, Beine, Füße und sein Rumpf und winzige Löcher in der ganzen Kleidung und am ganzen Körper und Flocken, Funken   Flocken, Funken   Flocken, Funken   und immer mehr und in alle Richtungen und immer mehr Löcher in seiner Kleidung und immer mehr Löcher in seinem Körper und immer schneller und immer schneller

und immer schneller immer mehr und immer schneller immer mehr

und er öffnet den Mund

Stille

und er schließt den Mund

Stille

und er öffnet den Mund

Stille

und er schließt den Mund

Stille

und er öffnet den Mund und er schließt den Mund

und er öffnet den Mund und er schließt den Mund

und er öffnet den Mund und er schließt den Mund

Stille

Stille

Stille

und er öffnet den Mund

und er öffnet den Mund

und

nd

d

– –

Jaja, wahrscheinlich, ja. Ich kam ja von ner Arbeit, von ner Musikschule. Muss schon angefangen ham, ja. Aber hat wohl, ja, die hat, siehs ja selber, hat nich geholfen. Hat nich geklappt. Das war das in ner Badewanne, wo ich das, einfach mein, mein Gefühl sofort war, nein, das geht nich. Ne, es gab kein Konflikt, ne. Ja, das weiß ich echt, man weiß so was immer alles nur so rudimentär, das, noch nich, ich weiß das mit der Badewanne genau, das weiß ich, aber wies dann ne Stunde danach weiterging, weiß ich nich. Das geht uns, geht uns aber allen irgendwie so. Deshalb wunder ich mich manchmal, wenn so Leute in den Biografien solche Sachen so, so detailliert und ganze Wort-, Diskussionen hintereinanderkriegen.

Nach einiger Zeit zieht er seinen Fuß zurück, setzt ihn auf den Boden und schließt die Tür.

Er klingelt.

Eine Stimme meldet sich.

Wer da sei.

[redacted] Ich habe folgenden Traum: Ich bin uralt und sehe Hals und Kopf meines Körpers vor mir wie in einer Videoaufnahme, dahinter ein endloser leerer Raum. Den Rest des Körpers sehe ich nicht, es sieht so aus, als wären Hals und Kopf vom Körper abgetrennt und schwebten, wie eine Skulptur, ein Hologramm. Ich habe kaum noch Haare, auf dem Gesicht, der Stirn und der sonstigen Kopfhaut sind zahlreiche Altersflecken verteilt. Etwas über der Stirn eine daumengroße und daumentiefe Grube, ein Rechteck mit abgerundeten Kanten, die kürzeren Seiten parallel zu den Augenbrauen, die längeren nach hinten weisend: ein Grab. Der Boden und die Wände der Grube sind mit Kopfhaut ausgekleidet, die Haut leicht wund, rosa fleischig, einige spärliche Haare hier und da. Im Traum weiß ich, dass mir der Kopf dort nachwächst, aber ich weiß auch, dass dies nur sehr langsam geschieht. Ich bin alt und sterbe bald. Die Grube über meiner Stirn wird sich nicht mehr füllen.

[redacted] Zu Besuch bei meinem Onkel. Es gibt Kuchen, mehrere Sorten, und eine kleine Schale Schlagsahne, Kaffee mit Milch, Tee. Meine Freundin und ich sitzen mit meinem Onkel und seiner Frau im Wohnzimmer und plaudern. Es ist sehr nett und sehr unkompliziert, ich freue mich, sie zu sehen, und bin erleichtert, dass es so einfach ist. Wir erzählen, was wir so machen, was wir so gemacht haben in den letzten zwanzig und mehr Jahren, das heißt, vor allem erzähle ich, denn bei meinem Onkel und seiner Frau scheint das Leben fortgeflossen zu sein wie ein ruhiger Strom, unaufhaltsam, ohne Hindernisse, da gibt es wenig zu erzählen von großen Veränderungen oder Umbrüchen, äußerlich jedenfalls: beide berufstätig, drei Kinder, ein Haus, ein Garten, die Kinder erwachsen, das Haus und der Garten so, dass sie mir immer noch bekannt vorkommen. Wir bedauern, beteuern wir gegenseitig, dass der Kontakt so plötzlich abgebrochen sei, das sei ja wie bei den Paaren in ihrem Bekanntenkreis, sagt mein Onkel, es gebe eine Trennung, und dann sehe man auf einmal einen der beiden nie mehr wieder, das sei ja gar nicht notwendig, man könne ja befreundet bleiben, und doch sei es eben so, na ja. Wir erzählen von unserem Alltag und den letzten Urlauben, und dann erwähnt die Frau meines Onkels ihre Tochter, meine Cousine, und dass sie jetzt leider keine Zeit habe, mich aber auch gern gesehen hätte, und sie erzählt, wie es ihr geht, sie wohne in der Nachbarstadt, zusammen mit ihrem Mann, gehe immer noch gern schwimmen, aber habe nur wenig Zeit, man sehe sich auch nicht so oft, dabei wohne man nun auch nicht so weit voneinander entfernt. Später kommt das Gespräch auf meine Mutter und die Familie insgesamt, mein Onkel zeigt Fotos von meiner Mutter: meine Mutter als Kleinkind, mit Babyhaube, im Kinderwagen sitzend, meine Mutter als Kind vor dem hell erleuchteten Weihnachtsbaum, meine Mutter als Jugendliche vor einem hohen Haus mit weißer Fassade, im Hintergrund Palmen, meine Mutter in ihren Zwanzigern. Auf den Fotos ist auch mein Onkel selbst zu sehen, einmal, wie er lächelnd auf der Couch sitzt und meine Mutter, die kein Jahr alt ist und in einem weißen Strampler steckt, in den Armen wiegt, und auch mein Großvater, meine Großmutter, meine Tante und andere Verwandte, die ich nicht kenne. Im Moment sei meine Mutter stabil, sagt mein Onkel, sie verlasse die Wohnung nur selten, habe sich dort ihr eigenes Reich geschaffen, man sehe sich auf Familienfesten, aber nicht immer. In der Wohnung meiner Mutter sei es sehr ordentlich, sagt mein Onkel, und ich erinnere mich, dass meine Tante bei einem früheren Treffen erzählt hat, dass sie und ihr Mann meiner Mutter manchmal Stellenanzeigen aus der Zeitung ausschneiden würden, aber bislang sei da nichts draus geworden, sie würden einfach nicht damit aufhören, ihr die Anzeigen zu geben, man könne es ja versuchen. Sie würden, sagt mein Onkel und sieht mich an, ihr besser nicht von unserem Treffen erzählen, das würde meine Mutter zu sehr aus der Bahn werfen. Ich stimme zu, sage, dass ich ja auch nichts erzwingen wolle und mich einfach freue, sie beide zu sehen. Irgendwann fragt meine Freundin beiläufig, ob wir nicht auch Fotos von meiner Mutter sehen könnten, so wie sie jetzt aussehe. Daraufhin wird mein Onkel ernst und sagt, nein, das möchte er nicht, er möchte nicht, dass wir sie so sehen, und ich weiß nicht, hat er Tränen in den Augen oder bilde ich mir das nur ein. Nach kurzem Schweigen reden wir über etwas anderes. Als sich das Treffen dem Ende zuneigt, es sind noch mehrere Stücke Kuchen übrig, aber meine Freundin und ich müssen los und mein Onkel und seine Frau sind verabredet, sehe ich mich noch kurz im Haus um, die Küche, die Treppe in den Keller, die Treppe hoch in den ersten Stock, das Zimmer meiner Cousine, das Arbeitszimmer, der Flur, in dem immer noch, so kommt es mir vor, ein PC aufgebaut ist und in dem ich mit meiner Cousine zu meiner ersten CD, *Spice Girls, Wannabe*, getanzt habe. Einen Tag später schreibt mir die Frau meines Onkels, wie sehr sie sich über unseren Besuch gefreut haben und dass ich großes Glück hätte mit meiner Freundin, die mir gegenüber so aufmerksam und zugewandt sei, und ob sie meiner Cousine meine Nummer geben dürfe. Ich antworte, dass ich es auch sehr schön fand, und ja, gern, dass ich meine Cousine sehr gern einmal wiedersehen würde. *Liebe Grüße, bis bald.*

[redacted] Sie steht in der Wohnungstür. Der Mann steht vor ihr, im Treppenhaus.

Wenn ich mir meine Mutter vorstelle, stelle ich sie mir meist als unglücklichen Menschen vor. Ein Mensch, der seit Jahrzehnten in einer Wohnung voller unliebsamer Erinnerungen lebt, und die Erinnerungen lassen nicht los, haben aber den entscheidenden Vorzug, bekannt zu sein. Die Welt außerhalb der Wohnung hingegen ist unbekannt, und das macht Angst. Aber vielleicht hat meine Mutter auch seit Jahren keinen einzigen Gedanken an mich verschwendet und ist einfach gern allein. Ich habe keine Ahnung.

Sie steht in der Wohnungstür. Der Mann steht vor ihr, im Treppenhaus.

Sie sieht ihn an.

Sie sieht:

Luft

zwischen Kopf und Hals Hals und Schultern

Schultern und Armen

zwischen Armen und Händen

Händen

und Fingern

zwischen Rumpf und Oberschenkeln
Oberschenkeln und Knien   Knien und Unterschenkeln

Unterschenkeln und Füßen

Füßen

und Zehen

Luft

»Wohin, Hans?« »Zur Gretel, Mutter.« »Mach's gut, Hans.« »Schon gut machen. Adies, Mutter.« »Adies, Hans.«

Hans kommt zur Gretel. »Guten Tag, Gretel.« »Guten Tag, Hans. Was bringst du Gutes?« »Bring nichts, gegeben han.« Gretel schenkt dem Hans ein Messer. »Adies, Gretel.« »Adies, Hans.«

Hans nimmt das Messer, steckt's an den Ärmel und geht nach Haus. »Guten Abend, Mutter.« »Guten Abend, Hans. Wo bist du gewesen?« »Bei der Gretel gewesen.« »Was hast du ihr gebracht?« »Nichts gebracht, gegeben hat.« »Was hat dir Gretel gegeben?« »Messer gegeben.« »Wo hast das Messer, Hans?« »An den Ärmel gesteckt.« »Das hast du dumm gemacht, Hans, musstest das Messer in die Tasche stecken.« »Tut nichts, besser machen.«

»Wohin, Hans?« »Zur Gretel, Mutter.« »Mach's gut, Hans.« »Schon gut machen. Adies, Mutter.« »Adies, Hans.«

Hans kommt zur Gretel. »Guten Tag, Gretel.« »Guten Tag, Hans. Was bringst du Gutes?« »Bring nichts, gegeben han.«

Gretel schenkt dem Hans eine junge Ziege. »Adies, Gretel.« »Adies, Hans.«

Hans nimmt die Ziege, bindet ihr die Beine und steckt sie in die Tasche. Wie er nach Hause kommt, ist sie erstickt.

Neuroleptika wie Haloperidol werden auch Antipsychotika genannt. Die Wortbildung dieses Begriffs suggeriert allerdings – durch ihre Ähnlichkeit zu Arzneimittelbezeichnungen wie Antimykotika, Antiparasitika oder Antibiotika –, psychotische Störungen ließen sich durch die Verabreichung von Antipsychotika mit Stumpf und Stiel ausrotten, als wären es Pilzerkrankungen oder parasitäre beziehungsweise bakterielle Infektionskrankheiten. Psychotische Störungen werden durch den Einsatz von Antipsychotika jedoch nicht kuriert – es geht hier um Symptombekämpfung, nicht um Heilung. Demgegenüber werden die Effekte des damit bezeichneten Medikaments durch das Wort Neuroleptikum (von altgriechisch *neũron,* »Nerv-«, und *-lepsis,* »nehmen, ergreifen, empfangen«), wenn auch fachterminologisch verschleiert, zumindest von der grundsätzlichen Wirkungsabsicht her etymologisch explizit und direkt beschrieben. Eine der möglichen Übersetzungen ist: »das, was den Nerv ergreift«.

Sie sieht den Mann an.

Der Mann sagt etwas. Seine Arme und Hände wehen vor ihr durch die Luft, dahinter das Treppenhaus.

Sie sieht den Mann an. Der Mann: eine Ansammlung unverbundener, in der Luft stehender oder umherwehender Körperteile, Kopf, Hals, Rumpf, Oberarme, Ellbogen, Unterarme, Hände, Oberschenkel, Knie, Unterschenkel, Füße. Sie sieht die Luft an, die den Mann zusammenhält.

Wie er es schaffe, hier vor ihr zu stehen und sich zu bewegen, wo doch seine Beine und Arme und Hände so offensichtlich gar nicht mit seinem übrigen Körper verbunden seien. Das sei doch gar nicht möglich. So wie er aussehe, müsse er jeden Moment in sich zusammenfallen, und seine Einzelteile würden sich übereinander auf den Fliesen stapeln wie Schrott. Oder ob er eine Art Marionette sei. Ob es unsichtbare Schnüre gebe, die ihn hielten und mit denen er bewegt würde.

Was sie da rede. Sie solle das Formular ausfüllen, hier, vor seinen Augen, und ihm geben. Dann werde er gehen. Dann würden sie ein Jahr lang keinen Kontakt haben, er werde sie in Ruhe lassen. In einem Jahr werde er wieder kommen, mit einem neuen Formular. Er wäre nicht gekommen, hätte sie alles ausgefüllt und abgeschickt.

Sie sieht ihn an. Er redet weiter. Sie sieht auf seinen Mund.

Sie sieht: Der Mund steht in der Luft,

ein schmaler Spalt,

zwischen der Rückseite der Lippen und dem Gesicht des Mannes.

[redacted] war ein ungeplantes Kind seiner Eltern, das für beide eine Veränderung der Lebenspläne und der Alltagsgestaltung bedeutete. Die Schwangerschaft von Frau [redacted] war von heftigen Streitigkeiten geprägt, sodass die Kindesmutter stark beansprucht wurde. Die wenig vorbereitete Geburt erfolgte jedoch ohne Komplikationen.

Na ja, jedenfalls dann irgendwann kam sie dann, wurd, dann gings los, da war sie auf zum, zum Kreißsaal, und die Ärzte hatten dann ihre Messgeräte und hörten deine Töne, und sie musste dann immer pressen, die kommen halt, die Wehen kommen immer in so nem Turnus. Und irgendwann sachte der A-, irgendwann, schon so kurz vor Schluss, sachte der Arzt dann irgendwie, kriegte Panik: »Oh, oh, oh, die, die Kinder, die Töne vom Kind werden leiser.« Und mir war klar, wenn der dir jetz diese Angst verbreitet, die auf die Mutter überträgt, hab ich gedacht, is scheiße. Da hab ich gesacht, zu ihr, beruhig dich, wird schon alles, is alles in Ordnung, oder so, und das is schon, das wird schon klappen, oder so, und er so: »Sind Sie wahnsinnig? Die soll sich, die soll sich jetz anstrengen!«, oder irgendwie so was irgendwie. Ja, es war so n kleiner Konflikt zwischen dem Arzt und mir. Aber dann kams du. Dann bis du geboren worden, und war auch alles okay. Ja, dann hat man abgenabelt, du bis ihr dann wahrscheinlich auf n Bauch gelegt worden, ich, wir sind nach der Geburt am gleichen Tach noch wieder nach Hause gefahren, da gabs ne Hebamme, die kam dann. Die hat dann gezeigt, wie man dem, mit dem Nabel, wie man das macht. Und so weiter, ja.

Dass die von Orna Donath interviewten Frauen, obwohl sie ihre Kinder lieben und obwohl sie durchaus positive Aspekte mit ihrer Existenz als Mutter verbinden, dennoch konsequent bereuen, Mutter geworden zu sein, spricht nach Ansicht der Autorin dafür, dass es keine Gleichsetzung von Weiblichkeit und Mutterschaft geben kann. Genau dies behauptet jedoch das sogenannte kulturelle Paradigma der guten Mutter, dem zufolge jede Frau Kinder bekommen möchte, jede Frau auch eine gute Mutter ist und mit allen anderen Frauen irgendetwas fundamental nicht stimmt. Die von Donath befragten Frauen belegen indes die intuitiv durchaus naheliegende Tatsache, dass nicht alle Mütter Mutterschaft in letztlich positiver Weise erfahren. Es gibt auch Mütter, die den Tag der Geburt ihres Kindes am liebsten ungeschehen machen würden und die es an jedem weiteren Tag ihres Lebens aus ganzem Herzen hassen, Mutter zu sein.

Sie schließt die Augen.

Sie sieht: wie sie ins Treppenhaus geht, der rechte Fuß hebt sich, senkt sich, dann der linke, senkt sich, wie sie an den Mann herantritt und wie der Mund des Mannes vor seinem Gesicht schwebt, die geöffneten, die geschlossenen Lippen, das, was sie sagen, dahinter ein Spalt Luft, wie sie ihren Zeigefinger in einer langsamen Bewegung von oben nach unten durch den Spalt gleiten lässt, ohne den Mund oder das Gesicht des Mannes zu berühren.

Der Mann steht reglos vor ihr. Er sagt etwas. Sein Mund redet.

Sie sieht: wie sie den Mund mit ihrer rechten Hand umschließt, die Hand zu sich heranzieht – wie sie den Mund aus der Luft pflückt wie eine Frucht. Sie sieht: wie sie den Mund vor ihr Gesicht hält, ihre Hand sich zur Faust ballt, wie sie den Mund zusammenquetscht, zwischen ihren Fingern quillt Blut hervor, als wäre der Mund eine Orange oder ein zusammengeknüllter Waschlappen oder Schwamm, und das Blut fließt heraus, gleichmäßig und ruhig, dann ein Geräusch, als würde man einen Stein mit aller Kraft in eine Lache aus Schlamm schmeißen, dann brechen krachend die Zahnreihen, mehrfach, dann brechen krachend die Zähne, und dann sieht sie, nach Minuten, wie sie die triefende Fleisch- und Knochenmasse in ihrer Hand mit einer plötzlichen, ruckartigen Streckung ihres Arms am Geländer des Treppenhauses vorbei nach unten schleudert.

Sie hört, wie es im Erdgeschoss aufschlägt, dumpf und schmatzend.

Sie hört das Echo. Sie hört das Echo und hört, wie es verebbt.

Sie sieht den Mann vor sich stehen, im Treppenhaus, einen Schritt hinter der Fußmatte. Der Mann: eine Ansammlung unverbundener, in der Luft stehender oder umherwehender

Körperteile, Kopf, Hals, Rumpf, Oberarme, Ellbogen, Unterarme, Hände, Oberschenkel, Knie, Unterschenkel, Füße. Im Gesicht, knapp unterhalb der Nasenlöcher, etwas oberhalb des Kinns: vollkommen glatte Haut, glatt wie Plastik, hell. Keine Verletzung, keine Narbe, keine Lippen, kein Laut, kein Wort.

Der Mann steht reglos vor ihr.

Sie sieht ihn an.

Das Sprach- und Ausdrucksvermögen des Kleinkindes ist noch stark eingeschränkt. Auch mit Tonfall und Mimik ist [redacted] nur begrenzt in der Lage zu verdeutlichen, was er erreichen will. In der dreistündigen Verhaltensbeobachtung äußerte er sich kaum, allenfalls in Babysprache, von der nur wenige Worte zu erkennen waren. Frau [redacted] gibt zwar an, dass [redacted] bereits ganze Sätze spreche (z. B. »Mama putzt heute Fenster«), bei den genannten angehörten Personen ergab sich jedoch durchgehend, dass man von [redacted] bisher nicht mehr als Einwortsätze gehört habe. Mag [redacted] auch seiner Mutter gegenüber bereits vollständiger sprechend mehr Sprachkompetenz erworben haben, so bleibt doch das Ergebnis, dass er seine Sprechfähigkeiten noch nicht der Umwelt gegenüber einsetzen kann. Dies würde auch seine Babysprache erklären. Zum notwendigen Spracherwerb gehört jedoch eine Kommunikation mit der Umwelt, d. h. Spielkameraden und erwachsenen Bezugspersonen, damit ein Kind die eigenen Fertigkeiten vergleichen und korrigieren kann. [redacted]s Reduktion auf eine »Geheimsprache« mit seiner Mutter wird ihm in der weiteren Sozialisation wenig von Nutzen sein.

Später erzählt mir mein Vater, dass man mich mehrmals in die Therapie meiner Mutter einbeziehen wollte. Wir sitzen in seinem Zimmer, seinem Arbeits- und Unterrichtsraum, die

Wände voll mit Schallplatten, die er wie Poster dort angebracht hat oder wie Hirschgeweihe, Brian Auger, Herbie Hancock, Alfred McCoy Tyner und andere. Wir sitzen uns auf Stühlen gegenüber, neben uns der schwere Arbeitstisch aus dunklem Holz, darauf die Anlage – der Verstärker, das Kassettendeck, der CD-Player –, in einem Metallbehälter einige Stifte, auf der Tischfläche ein Stapel Unterlagen, eine Flasche Bier, eine Tasse Tee, mein Aufnahmegerät. Das erste Mal, kurz vor meinem vierten Lebensjahr, erzählt mein Vater, habe er einen Anruf aus der Psychiatrie bekommen, meine Mutter sei derart durcheinander, habe man ihm gesagt, dass sie den Kontakt zu mir brauche, es sei sonst kein Einstieg in die von ihnen für sinnvoll erachtete Form der Therapie, kein Zugang zu ihr möglich. Mein Vater sei dann, erzählt er weiter, mit seinem türkisblauen, zerkratzten Mitsubishi in die Psychiatrie gefahren, vor ihm dann ein Gremium aus Chefarzt, behandelnder Ärztin und Therapeutin. Man habe ihm gesagt, dass er mich, den nicht mal Dreijährigen, hier vorbeibringen solle, zu meiner Mutter, so bald wie möglich, und er habe das, das sei schon heftig gewesen, gegen den vehementen Widerstand der Ärzteschaft abgelehnt. Er habe mich schützen wollen, er habe mich vor dieser Frau schützen wollen, wie er sagt, und dass er mich nicht habe zum Werkzeug machen wollen. Er hält inne, trinkt einen Schluck Bier, dann spricht er weiter.

Manchmal habe ich, wenn ich mit meinem Vater rede, ein Gefühl der Beklemmung. So als könnte ich nicht alles sagen, was mir durch den Kopf geht. Ich weiß, dass das nicht stimmt, dass er das gar nicht will und dass ich alles sagen kann. Aber wenn wir reden und er mit dieser großen Selbstverständlichkeit, dieser Ruhe und Kraft seiner ganzen Körpersprache, vor mir sitzt oder steht oder neben mir geht und davon spricht, wie er dieses oder jenes sehe, gemacht habe, mache oder machen werde, dann scheint er mir so riesig und ich so klein, dass ich auf einmal ein großes Gewicht spüre, so als befände sich eine hohe stählerne Tür in meinem Kopf, dick wie ein Staudamm, kaltes Metall, und ich stünde, ein vollkommen abgedunkelter Raum, vor dieser Tür, und wenn ich etwas anderes zu meinem Vater sagen will als Ja, wenn ich anderer Meinung bin als er, dann muss ich die Tür in meinem Kopf erst mit beiden Händen aufstoßen und hindurchgehen, und dann wird es hell.

Sie öffnet die Augen.

Der Mund steht vor ihr in der Luft, dahinter der Mann. Der Mund steht vor ihr in der Luft. Die geöffneten, die geschlossenen Lippen, ein Spalt, das Gesicht. Der Mund steht vor ihr in der Luft, ein Spalt. Die Lippen bewegen sich auf und ab.

Sie sieht, wie sich der Mund bewegt, die Lippen, die Zähne, die Zunge. Sie hört, wie er redet. Der Mund öffnet sich weit und schließt sich, öffnet sich, schließt sich, oft und schnell. Sie hört, wie er redet, sieht es.

Sie neigt den Kopf zur Seite, sieht ins Gesicht des Mannes, knapp unterhalb der Nasenlöcher, etwas oberhalb des Kinns: vollkommen glatte Haut, wie Plastik, wie die Oberfläche einer Skulptur – so als wären die Lippen und mit ihnen der Mund dort aufgeklebt gewesen wie ein Sticker und dann abgezogen worden.

[redacted] Nein

Nein

Es kann keinen Zweifel geben Es ist ganz klar glasklar sonnenklar

Der Nachbar hängt oben herab

Der Nachbar hängt oben vom Dachbalken herab Der Nachbar hat sich mit einem Strick dort aufgehängt wie eine Glühbirne Er hängt herab und ist tot Du stehst davor Nein

Nein

Es ist die Nachbarin Es ist die Nachbarin die sich aufgehängt hat Die Nachbarin hat sich aufgehängt Du siehst es Du riechst es Du fasst sie an Du fasst die Nachbarin an Die Nachbarin hängt oben herab Die Nachbarin hängt oben am Dachbalken herab und ist tot Du stehst davor Es ist ganz klar glasklar sonnenklar Nein

Nein

Es ist das Nachbarskind die Tochter Die Nachbarstochter hat sich aufgehängt Du stehst davor Du siehst es Du riechst es Du fasst sie an Es ist ganz klar glasklar sonnenklar Nein Es ist der Sohn Nein es ist die Tochter Nein der andere Sohn ist es Nein die andere Tochter ist es Nein der andere Sohn Nein die andere Tochter Du stehst davor Nein Nein Sie alle sind es Du siehst es Du riechst es Du fasst sie an Du fasst sie alle an Du fasst die ganze Familie an Es ist ganz klar glasklar sonnenklar Sie hängen alle herab Sie hängen alle vom Dachbalken Sie hängen alle vom Dachbalken herab Sie hängen alle nebeneinander wie ein riesiges Mobile und sind tot Wie riesige Tannenzapfen riesige Marionetten riesige Teleskopstöcke riesige Tentakel riesige Pendelstangen hängen sie vom Dachbalken herab und sind tot Sie baumeln taumeln schwingen schwanken kippen wippen alle langsam hin und her alle langsam hin und her alle langsam hin und her Du stehst davor Nein

Nein

Nein

Die ganze Nachbarsfamilie hat sich aufgehängt
Du stehst davor
Sie sehen dich an Sie sehen dich alle an Du stehst davor
Sie hängen alle von der Decke zu Boden und sind tot
Sie sehen dich alle an und sind tot Du stehst davor
Du gehst hin Du gehst zu ihnen hin
Du bleibst stehen Du stehst davor
Du siehst ihnen in die Augen
Du stehst davor Du siehst ihnen in die Augen
Du bleibst so stehen
Du machst nichts

Du musst jetzt damit leben

[redacted] Er steht in einem Schwimmbecken, auf Zehenspitzen, sein Kopf ragt knapp aus dem Wasser. Das Schwimmbecken steht in einem Garten.

Jemand ruft ihn. Die Person ist etwas größer als er.

Er solle zu ihr kommen. Sie werde ihm etwas geben. Er solle etwas für sie machen. Dann werde sie ihm etwas geben.

Er steigt aus dem Schwimmbecken, geht durch den Garten. Wolkenloser Himmel, der Rasen unter seinen Füßen ist warm. Er geht zu ihr. Sie gehen ins Haus. Das Licht ist ausgeschaltet, die Jalousie heruntergelassen, einzelne Sonnenstrahlen dringen durch die Ritzen. Die Person schließt die Tür.

Sie fragt ihn etwas. Er antwortet.

Er zieht sich aus. Sie sieht ihn an.

Sie zieht sich aus.

Sie legen sich ins Bett. Sie fasst mit der Hand zwischen seine Beine, bewegt die Hand auf und ab. Sie sieht ihn an. Er spürt Widerstand, eine gegen die Person gerichtete Kraft in seinem Körper, der Impuls, sie wegzuschieben. Er kann sich nicht bewegen. Er sieht sie an.

Ob sie wisse, wo sie sei. Ob sie sie gesehen habe.

Sie bewegt die Hand auf und ab, sieht ihn an. Dann beugt sie ihren Kopf nach unten, öffnet den Mund.

Dann hebt sie den Kopf, bewegt die Hand auf und ab, sieht ihn an.

Nein. Sie habe sie nie gesehen. Er solle jetzt still sein. Wenn er jetzt nicht still sei, werde sie ihm nicht geben, was er wolle.

Sie senkt den Kopf, öffnet den Mund.

Im Alter von dreiundzwanzig Jahren schreibe ich einen kurzen literarischen Text, kaum fünf Seiten lang. Dazu sitze ich, für die Dauer von mindestens drei Monaten, ich bin sehr langsam, Stunde um Stunde vor meinem Laptop. Ich schreibe ein paar Worte, einen Satz, eine Zeile, dann starre ich lange auf den Bildschirm. Dann schreibe ich wieder ein paar Worte. Oder ich streiche etwas, ein Wort, einen Absatz. Dann starre ich wieder auf den Bildschirm.

Die erste Szene des Textes zeigt eine Frau, die inmitten einer riesigen Ebene aus Beton auf einem einbetonierten Hocker, vor einem Tisch in Form eines Betonklotzes sitzt. Auf dem Betonklotz liegt eine Liste, welche die Namen derjenigen Menschen beinhaltet, deren nackte Körper die Frau, einen nach dem anderen, mit bloßen Händen in Stücke reißt. Anschließend hakt sie die entsprechenden Einträge auf der Liste ab.

Sie bewegt die Hand auf und ab. Sie bewegt die Hand auf und ab.

Ob sie wisse, wo sie sei. Ob sie sie gesehen habe.

Nein. Er solle die Fresse halten.

Sie setzt sich auf ihn. Sie bewegt sich auf und ab. Sie stöhnt.

Ob sie wisse, wo sie sei. Ob sie sie gesehen habe.

Sie bewegt sich auf und ab. Sie stöhnt.

Nein.

Warum sie ihn dann gerufen habe. Sie habe gesagt, sie könne ihm geben, was er wolle. Er wolle es wissen.

Sie bewegt sich auf und ab, schneller. Sie stöhnt.

Er solle die Fresse halten und sich nicht bewegen.

Sie bewegt sich auf und ab. Sie bewegt sich auf und ab. Sie stöhnt.

Sie schreit. Er liegt da.

Sie schreit. Er liegt da.

Sie löst sich, steigt aus dem Bett.
Sie habe gelogen.
Sie geht aus dem Zimmer.
Er bleibt liegen, zieht die Decke über seinen Körper.

Meine Therapeutin sieht mich an. Ein kleiner Raum, Erdgeschoss, eine weiße Ledercouch, zwei Stühle, auf denen wir uns gegenübersitzen, dahinter, neben der geschlossenen Tür, ein Bücherregal mit meist englischsprachiger Fachliteratur. Sie sieht mich an, sieht dann aus dem Fenster auf das gegenüberliegende Haus und sagt: Sehen Sie, dieses Haus brennt nicht. Wenn Sie aber ein kleines Kind sind und Ihnen jemand immer wieder sagt, das Haus dort drüben würde brennen, dann werden Sie irgendwann Ihren Augen nicht mehr trauen und denken, dass das Haus dort in Flammen steht und Sie flüchten müssen, bevor die Flammen zu Ihnen herüberschlagen und Sie in ihrer Wohnung einschließen.

Na dann, sage ich.

Mittlerweile ist *Haldol®-Janssen* nicht mehr das einzige Neuroleptikum, das auf dem Wirkstoff Haloperidol beruht, sondern nur eines von vielen. Dennoch kommt ihm eine beträchtliche symbolische Kraft zu, die dem Umstand geschuldet ist, nach dem Pharmakonzern *Janssen Pharmaceutica* benannt worden zu sein, der das Präparat 1959 zuerst auf den Markt gebracht hat. Die pharmakologische Urheberschaft von *Janssen Pharmaceutica* ändert zwar nicht das Geringste daran, dass sich *Haldol®-Janssen* in seiner Wirkung von der seiner zahlreichen Generika in keiner nennenswerten Weise unterscheidet, dennoch überstrahlt es diese epigonalen Schöpfungen vollkommen mühelos mit der Aura des Originals, die schon der bloße Klang der Medikamentenbezeichnung evoziert, die allerdings auch subvokal verströmt wird, vor allem in Richtung der solcherart Therapierten, die, in Händen etwa eine Verpackung von Tabletten zu einem Milligramm haltend, die gedruckte Buchstabenfolge *Haldol®-Janssen* lesen. Laut Packungsbeilage können die Tabletten zu einem Milligramm im Übrigen die folgenden Nebenwirkungen verursachen (Stand November 2018):

Der Ablauf ist immer gleich: Nachdem sie einen Menschen zerrissen hat, ordnet die Frau die Reste seines Körpers vor sich auf der Fläche des Betonklotzes, der Tischplatte. Dann presst sie die Körperreste zusammen. Den entstandenen Klumpen schleudert sie hoch, in den Himmel, wo er, ohne jeden äußeren Anlass und ohne Geräusch, im Flug explodiert. Der Himmel wird so beschrieben, als handle es sich um die Decke eines Raums: Die aufwärts stiebenden Körperreste und die ebenfalls hochgeschleuderten Köpfe pappen dort an, bleiben haften. Da die Menge der erst zerrissenen, dann zusammengequetschten, dann nach oben geschleuderten Menschen – *menschenmatsche*, wie es im Text heißt – mit der Zeit immer weiter zunimmt, nimmt auch das Volumen der an der Himmelsdecke sich ablagernden Körpermasse mit der Zeit immer weiter zu, sodass sich diese langsam nach unten hin ausdehnt. Immer wieder lösen sich einzelne *körperflocken* ab und rieseln, wie Schnee, auf die Betonebene. Die Betonebene ist ein Raster, fingertiefe Rinnen. Nach einiger Zeit ist davon nichts mehr zu erkennen: Alles ist bedeckt von zerfetztem Fleisch. Es geht ein leichter Wind, der die oberste Schicht sanft umherweht.

Nach der Trennung im Oktober [redacted] erlebte Herr [redacted] den Zustand der Kindesmutter seltener, bis sie sich im März [redacted] hilfesuchend an ihn wandte. Bei diesem zweiten psychotischen Schub eskalierten die Wahnwahrnehmungen Frau [redacted]s erneut. Sie bezog sich auffallend häufig auf eine Symbolsprache: ein kleines Kind schreie, Herr [redacted] (Psychiater) habe sich umgebracht etc. In der Wohnung der Eltern kam es zu einem Suizidversuch, bei dem sie einen laufenden Föhn in die Badewanne gehalten habe. Die hinzugezogene Ärztin, Frau Dr. [redacted], habe daraufhin Haldol und Akineton verordnet (ein Neuroleptikum sowie ein Mittel gegen dessen Nebenwirkungen); Frau [redacted] zog sich dann zum Schlafen zurück und nahm eine Überdosis Akineton (50 x), die eine Vergiftung verursachte. Die Patientin wurde kurzfristig ins [redacted]krankenhaus ([redacted]) gebracht und anschließend zum Krankenhaus [redacted] überwiesen, wo sie sich zwei Wochen aufhielt. Seit diesen Ereignissen, nach denen sie sich für gesund erklärte, hat Frau [redacted] sich vor der Außenwelt vollständig verschlossen. In ihrem Verhalten wie auch im Explorationsgespräch findet sich keinerlei Einsicht in Krankheitsaspekte ihres Verhaltens und in die Notwendigkeit einer Therapie.

Sehr häufige Nebenwirkungen von *Haldol®-Janssen*
(bei mehr als einem von zehn Behandelten):

Agitiertheit, Schlafstörungen,
Kopfschmerzen

unkontrollierte Be-
wegungen des Körpers oder der
Gliedmaßen (extrapyramidale
Erkrankung) , z. B.:

Rastlosigkeit
oder Unvermögen, ruhig zu sitzen,
verstärkte Körperbewegungen

verlangsamte oder eingeschränkte Körperbewegungen,
ruckartige
oder drehende Bewegungen

Muskelzittern oder Muskelsteife,
schlurfender Gang

Unfähigkeit, sich zu bewegen

Verlust der normalen Mimik
(»Maskengesicht«)

Bewegungen des Mundes,
der Zunge, des Kiefers
und manchmal der Gliedmaßen
(Spätdyskinesie)

Was *Janssen Pharmaceutica* nicht erwähnt, z. B.:

Bei fast zwanzig Prozent der Erwachsenen, die länger als drei
Monate mit klassischen Neuroleptika therapiert werden
– und dazu zählt auch *Haldol®-Janssen*, wie gesagt –, treten
Spätdyskinesien auf.
Und dieser Anteil steigt in jedem Jahr einer solchen Thera-
pie um circa fünf Prozent. Von den mit *Haldol®-Janssen*
Behandelten und an Spätdyskinesien Erkrankten sind
fünfundsiebzig Prozent der Fälle irreversibel.

Bezüglich der phänomenologischen Aspekte dieses Leidens (man kann sich das alles ja immer gar nicht so richtig vorstellen) findet sich in dem Artikel *Spätdyskinesien – Geschichte, Definition, Differenzialdiagnose und Therapie*, den Ganos und Münchau vom Universitätsklinikum Hamburg-Eppendorf 2011 in der Fachzeitschrift *Aktuelle Neurologie* publiziert haben, eine plastische Ergänzung des Störungsbilds, so wie es von *Janssen Pharmaceutica* vermittelt wird.
Demnach lassen sich »klassische Spätdyskinesien« wie folgt beschreiben:

vorrangig gekennzeichnet durch
repetitive, unwillkürliche kauende
Kiefer- und Schmatzbewegungen
(oro-bukko-linguo-mastikatorische Dyskinesien),
eine »quasi-rhythmische Chorea«

weitere Bewegungen sind Schmollen,
Platysma- oder pharyngo-laryngeale Anspannung
zum Teil mit Beeinträchtigung der regulären Atmung
(»respiratorische Dyskinesie«)

durch Zwerchfellkontraktionen
kommt es nicht selten
zu Störungen des Atemrhythmus
und auch Vokalisationen

Flexions- / Extensionsbewegungen der Finger,
ähnlich wie beim Klavierspielen,
Oberkörperschaukeln oder
Beckenbewegungen
können ebenfalls auftreten

charakteristisch sind auch
das Herausstrecken der Zunge
(»fly catcher's tongue«)
oder Zungenbewegungen, die
zu einer Ausbuchtung der Wange führen
(»Bonbon-Zeichen«)

Die verschiedenen Auffälligkeiten können bei der Behandlung einer endogenen Psychose auftreten, die u. a. durch Verfolgungswahn und entsprechende Erklärungssysteme in Erscheinung tritt. Zum Krankheitsbild gehören außerdem eine wahnhafte Personenverkennung und Suizidversuche, um dem im Wahn erlebten drohenden Schicksal zu entgehen. Anzeigen wegen vermeintlicher Beeinträchtigungen und Schutzsuche u. a. bei der Polizei oder bei Rechtsanwälten sind häufig.

Häufige Nebenwirkungen von *Haldol®-Janssen*
(bei bis zu einem von zehn Behandelten):

schwerwiegende mentale Probleme, z. B.
glauben Sie Dinge, die nicht wahr sind
(Wahnvorstellungen)
sehen, fühlen, hören oder riechen Dinge, die nicht da sind
(Halluzinationen)

Depression

abnorme Muskelspannung

Schwindelgefühl, z. B. nach dem Aufsetzen oder Aufstehen

Schläfrigkeit

Aufwärtsbewegung der Augen
oder schnelle Augenbewegungen, die
nicht kontrollierbar sind

Sehstörungen,
z. B. Verschwommensehen

niedriger Blutdruck

Übelkeit,
Erbrechen

Verstopfung

Mundtrockenheit oder vermehrter Speichelfluss

Hautausschlag

Harnverhalt oder Unvermögen, die Blase
vollständig zu entleeren

Erektionsstörungen
(Impotenz)

Gewichtszunahme
oder Gewichtsverlust

veränderte Leberwerte
im Blutbefund

Gelegentliche Nebenwirkungen von *Haldol®-Janssen*
(bei bis zu einem von hundert Behandelten):

Herzrhythmusstörungen – das Herz
arbeitet nicht mehr richtig,
und es kann zu Bewusstlosigkeit kommen

ungewöhnlich
schneller Herzschlag
(»Herzrasen«)

Extraschläge
(»Herzstolpern«)

außerdem:
nach Anwendung dieses Arzneimittels
gab es Fälle von plötzlichem Tod,
die genaue Häufigkeit dieser Todesfälle
ist jedoch nicht bekannt,   auch Herzstillstand
ist nach Anwendung von Antipsychotika
aufgetreten

schwere allergische Reaktion, z. B.
Anschwellen
des Gesichts,
der Lippen, des Mundes, der Zunge oder des Rachens,
Schluck- oder Atembeschwerden,
juckender Ausschlag
(Nesselsucht)

Wirkung auf die Blutzellen – Abnahme aller Blutzellen,
einschließlich starker Abnahme

der weißen Blutkörperchen
und geringe Anzahl an Blutplättchen
(Zellen, die für die Blutgerinnung
verantwortlich sind)

Verwirrtheit

Verlust
oder Abnahme
des sexuellen
Verlangens

Anfälle
(Krampfanfälle)

Muskel- und Gelenksteife

unkontrollierbare
Muskelkrämpfe, -zuckungen
oder -kontraktionen,
einschließlich
Krampf in der Nackenmuskulatur,
wodurch der Kopf seitwärts
gedreht wird

Gehstörungen

Kurzatmigkeit

Leberentzündung oder Funktionsstörung der Leber
mit Gelbfärbung der Haut oder der Augen
(Gelbsucht)

erhöhte Lichtempfindlichkeit der Haut

Juckreiz

ausgeprägte Schweißausbrüche

Veränderung des Menstruationszyklus, z. B.
Ausbleiben der Regelblutung oder
lange, starke und schmerzhafte
Blutungen

unerwartete Milchabsonderung

Brustschmerzen, Brustbeschwerden

hohe Körpertemperatur

Schwellungen
durch Wasseransammlung im Körper

Seltene Nebenwirkungen von *Haldol®-Janssen*
(bei bis zu einem von eintausend Behandelten):

hohe Konzentration des Hormons
Prolaktin im Blut

verengte Atemwege in der Lunge,
die Atemprobleme verursachen

der Mund kann nur eingeschränkt
oder gar nicht geöffnet werden

Probleme beim Geschlechtsverkehr

außerdem:
ein schwerwiegendes Problem,
das »malignes neuroleptisches Syndrom« genannt wird,
hierbei kommt es zu hohem Fieber,
ausgeprägter Muskelsteife,
Verwirrtheit
und Bewusstlosigkeit

Was *Janssen Pharmaceutica* nicht erwähnt, z. B.:

Die Letalitätsrate eines nicht behandelten malignen neuroleptischen Syndroms liegt bei zwanzig Prozent.
Das maligne neuroleptische Syndrom kann bereits bei gering dosierter Verabreichung von *Haldol®-Janssen* plötzlich auftreten.

Weitere Nebenwirkungen von *Haldol®-Janssen*
(Häufigkeit unbekannt):

hohe Konzentration des antidiuretischen
Hormons (ADH) im Blut
(Syndrom der inadäquaten ADH-Sekretion)

niedriger Blutzuckerspiegel

Schwellungen im Kehlkopfbereich
oder kurzzeitiger Stimmbandkrampf,
wodurch es zu Sprach-

oder Atemproblemen kommen kann

plötzliches Leberversagen

verminderter Gallenfluss
in den Gallengängen

Ablösen
oder Abschälen
der Haut

entzündete kleine Blutgefäße,
die Hautausschlag mit kleinen roten oder violetten
Beulen verursachen

Abbau von Muskelgewebe
(Rhabdomyolyse)

schmerzhafte Dauererektion

Anschwellen der Brust beim Mann

niedrige Körpertemperatur

BETREFF: Re: Aw: Re: Aw: Re: BAföG
Meine Mutter schreibt mir. Sie schreibt: *Danke für deine Mail.* Und schreibt weiter: Leider sei sie noch nicht wieder auf dem Damm. Sie wolle noch Kräfte sammeln, bevor wir uns wiedersähen. Sie denke und hoffe: dass wir dies aushielten. Beziehungsweise: Vielleicht näherten wir uns ja schon langsam wieder an. Besser sie sei, wenn ich kommen sollte, fit – *okay?*

Gerade nach der langen Zeit. Sie werde sich ganz sicher melden, und wir würden uns neu verabreden. *Herzlichste Grüße deine Mama.*

Er steht vor einem Kiosk. Der Kiosk steht am Ende einer Einbahnstraße. Daneben einige Pkw, Wohnhäuser, auf dem Gehsteig Bäume. Der Gehsteig ist feucht, glänzt. Einige Pfützen, Wolken. Hinter dem Ende der Einbahnstraße: die Hauptstraße, laut.

In dem Kiosk steht, hinter einem geöffneten Schiebefenster, eine ältere Frau. Die Frau hat die Hände vor sich auf dem Kassentresen abgelegt, die rechte Hand auf der linken, und sieht ihn an.

Was er haben wolle.

Er sieht hoch. Er wolle das. Und das. Und das. Er zeigt darauf.

Sie gibt es ihm, nennt einen Preis.

Er hält ihr eine kleine braune Plastiktruhe hin.

Sie solle sich das Geld nehmen. Er wisse nicht, wie viel das sei. Es müsse aber mehr als genug Geld in der Truhe sein, die Truhe sei ganz voll. Er habe sehr lange darauf gewartet und also auch sehr viel gespart.

Sie nimmt die Plastiktruhe aus seinen Händen, stellt sie vor sich auf dem Tresen ab. Er hört, wie die Münzen, die sich in der Truhe befinden, leicht aneinanderstoßen. Sie öffnet die Truhe, nimmt Geld heraus. Sie schließt sie, hält sie ihm hin.

Er nimmt die Plastiktruhe entgegen, hält sie hoch, in Richtung Kassentresen. Er sieht die ältere Frau an.

Ob sie ihm sagen könne, wo sie sei.

Nein. Das könne sie ihm nicht sagen.

Und wenn er ihr das ganze Geld in seiner Truhe geben würde.

Das würde nichts ändern. Sie könne es ihm nicht sagen.

Warum.

Das könne sie ihm auch nicht sagen.

Um den Tisch, den Betonklotz, und die vor dem Tisch auf einem kleineren Betonklotz, dem Hocker, sitzende Frau herum stehen Heerscharen von Menschen. Diese Menschen werden durch die Sprache, die sie beschreibt, respektlos verzerrt. Da werden zusammengepresste Leichenteile mit einem Schneeball verglichen, verursachen die über die Betonebene wehenden *körperflocken* und *körperkörner* ein *körpergestöber.* In anderen Passagen ähneln die Menschen Bäumen. Gleichzeitig sind es Wartende, wartend wie auf dem Amt, nur dass die Menschen hier auf ihre Hinrichtung warten, entindividualisiert, nackt und geschlechtslos, *fleischfarbene listenwesen: körperstämme, jeder der anfang einer warteschlange, boden mit rohem holz zum körperwald bepflanzt. rinnen mit abgeblättertem hautlaub drin, -laubhügel, zusammengeweht, denn wind geht. der wirbelt auch das hautlaub auf die menschenhaut.*

Frau [redacted], die am [redacted] neben Herrn [redacted] auch ihre Eltern und Hausbewohner anzeigen wollte, nimmt von den Eltern keine Telefonanrufe mehr entgegen und verweigert den Kontakt zu ihnen. Auch sämtliche Geschwister und frühere Freunde konnten keinen Kontakt zu ihr erreichen. Wie sie mehrfach selbst betont, führt sie ein Leben allein mit ihrem Kind und ist hierbei isoliert. Die Frage, ob sie Freunde habe, wollte Frau [redacted] nicht beantworten, dies sei ihr zu persönlich. Bei Kontaktaufnahmen mit dem Jugendamt fühlte Frau [redacted] sich bedroht.

In wieder anderen Passagen ähneln die Menschen, die sich auf der ganzen Betonebene versammelt und aufgereiht haben, Steck- beziehungsweise Spielfiguren: konstruiert aus einem *standardbausatz*, die *kopfblöcke* mit Metallklammern an die Hälse getackert, so lange jedenfalls, bis die Hände der Frau sie vom Rest des Körpers trennen. Der in vorauseilendem Gehorsam vollzogene Suizid eines dieser *steckmenschen*, der zur Frau und ihrer Liste an den Betonklotz herantritt, mit einem Mal unkontrolliert am ganzen Körper zu zucken beginnt und, eine Art epileptischer Anfall, binnen Sekunden in seine Einzelteile zerspringt *wie schlecht geklebt*, ist in der Sprache des Textes, den ich im Alter von dreiundzwanzig Jahren voller Enthusiasmus und aus einem inneren Bedürfnis heraus schreibe, folgerichtig auch kein Selbstmord. Was dann? *selbstdefekt: mensch fängt am arm an.*

DA GEHEN SIE DEM TOD SCHNELLSTENS ENTGEGEN
SIE SIND URALT UND KRANK
ABER WIESO ERSTECHE ICH SIE EIGENTLICH NICHT
DANKEN SIE GOTT, DASS SIE LEBEN

Ich fand ers ma die Stimme ganz schrecklich.

UND WAS ICH NOCH SAGEN WOLLTE, IST
DASS ES AUS IST MIT DIR, ES IST AUS MIT IHNEN
SIE HABEN ES NUN MIT MIR ZU TUN
IN DIE HÖLLE MIT IHNEN
MIT DER GANZEN HORDE, MIT DIR, MIT ALLEN
RAUS, WEG
DU WIDERWÄRTIGE NATUR

Rechtsanwalt [redacted] entschuldigte zwar das Fernbleiben seiner Mandantin mit einem Versehen, insgesamt sprechen die verschiedenen Auffälligkeiten jedoch für ein erhebliches Misstrauen, das möglicherweise mit Wahnideen zusammenhängt. Dies drückt sich schließlich auch in dem Explorationsgespräch aus, in dem Frau [redacted] offensichtlich Befürchtungen damit verknüpft, etwas von sich preiszugeben. Es lässt sich dabei nicht annehmen, dass ihr lediglich Selbstdarstellungen unangenehm sind. Gelegentlich verschloss sie sich nämlich bereits bei Bagatellfragen. (»Haben Ihre Freunde auch Kinder?« »Das ist mir zu persönlich.«) Äußerlich fällt der ernste und erstarrte Gesichtsausdruck auf. Frau [redacted] änderte ihren Gesichtsausdruck in keinem Moment der dreistündigen Exploration oder bei den anderen Kontakten, die emotionale Mitschwingungsfähigkeit scheint deutlich eingeschränkt.

Wenn wir dann nachts nach Hause kamen, da war der AB, da warn diese, die Anrufbeantworterbänder warn voll, vom Anfang bis Ende. Die hat angerufen, aufgelegt, angerufen, aufgelegt, angerufen, aufgelegt, angerufen, aufgelegt, bis das Band voll war. Wir kamen in die Wohnung und dachten, guck mal, ob da was aufm Band is, und da warn die Dinger voll. Und da hab ich die gelöscht. Also es gibt eigentlich noch viel, viel mehr als das, was du hass, viel mehr. Und als das so ganz extrem war, noch mehr Rumgeschreie, Aggression, so, so, da schreit die so in nen Hörer, dass ich n Karzinom kriege, dass sie das wäre, dass sie das macht, dass ich das kriege, so was, ja. Da weiß ich noch, das hat die immer wieder gesacht, Karzinom, Karzinom, da hatten wir irgendwie so ne Nacht, ja, da is die so extrem durchgetickt, und danach war das auch, glaub ich, vorbei, als du bei ihr dann warst, wo wir dachten, so, jetz is der bei ihr, und die tickt da durch, und ich auch Angst hatte, dass die dir was an-, also dass sie dir und auch sich, euch beiden, was antut. Und ich glaube, dass wir, aber ich mein, beim letzten Band, da wär das so gewesen, dass wir wirklich auch in der Nacht noch angerufen ham, beim Jugendamt angerufen und gesacht ham, dass du da raussolls, ja. Da warst du da, und da hat sie angerufen, und das war so extrem, das war wirklich so extrem, dass ich dachte, du, und was is, wenn, wenn, es gibt ja so was, solche Sachen, wo die Mutter dem Kind und sich selber einfach was, wo wir dachten, so, das is jetz so, so, so, dass das jetz aufhörn muss.

SCHWEIGEN SIE

ES IST AUS MIT IHNEN
SIE TUN KEIN AUGE MEHR ZU, SIE SIND BLIND
SIE SIND ÜBERHAUPT GAR NICHTS
SIE ÄRMSTER, SIE KRÜPPEL
MIT DOPPEL-P
ABER DAS VERSTEHEN SIE NIEMALS
SIE AFFE, SIE UNSPORTLICHER DUMMER, SIE SIND
DUMM
DU BIST EIN DRECKSHAUFEN, DU SCHLECHTESTER
KERL, MANN
OBZÖNSTER, DU WESENSTER, SIE GOTTVERDAMM-
TER UND GOTTLOSER
SIE CORRUPTION UND IHR SATANSBRATEN
OB VATER, MUTTER, KIRCHE ODER
STEHT IHNEN NIE BEI
NIE
ES WIRD KEINEN AUSWEG MEHR GEBEN FÜR IHN
UND ZWEITENS WERDEN SIE AN EINEM KARZINOM
ERKRANKEN

VIELLEICHT BEKOMMEN SIE AUCH MULTIPLE SKLE-
ROSE
IRGENDETWAS WIRD PASSIEREN
WER WOHL AM STÄRKSTEN IST
SIE SIND EIN BASTARD
SIE SIND JETZT MEIN EXPERIMENT
SIE HABEN KEINE EINZIGE CHANCE MEHR
SIE SIND NACH WIE VOR
MEIN GEGLÜCKTESTES EXPERIMENT
FALLS SIE ÜBERHAUPT NOCH EIN IRGENDEIN WORT
VERSTEHEN

SIE KÖNNEN SICH VERSTELLEN
DAS SCHLECIITESTE SCHAUSPIEL
NICHT WIE WIR WOLLEN
ABER SIE MERKEN ES SOWIESO
WIR MÜSSEN ES JETZT GERN VERVIELFÄLTIGEN
WE KNOW YOU DON'T UNDERSTAND
NUN HÖREN SIE MAL
EIN GUTSMUHL MAL GUT TSUNG FOREVER
BYE BYE

BE IMPRESSED, GO TO THE PAPST
JE VEUX TE DIRE BAH
BAH
BAH
EIN PAAR WOHLGEFORMTE KLÄNGE
VIELLEICHT NOCH EINMAL
PAH
PAH
DIE DA KANN DOCH GAR NICHT SPRECHEN
EBEN EBEN EBEN

DIE HÖHEREN WAHNVORSTELLUNGEN
SCHNELL SCHNELL SCHNELL
DIREKTVERFOLGUNG TRITT EIN
EBEN EBEN EBEN
DIREKTVERFOLGUNG TRITT EIN
EBEN EBEN EBEN
IN DIE HÖLLE MIT IHNEN
ES TUT MIR NICHT LEID, ES IST AUS MIT IHNEN
DA DA DA

DA DA DA DA

DA DA DA

MHMMM

VERRÜCKT GEWORDEN, WAS?

Frau [redacted]s Einsicht in Krankheitssymptome und in die Notwendigkeit einer Psychotherapie ist nicht vorhanden. Da sie die Entbindungen von der Schweigepflicht für sämtliche Ärzte sowie die Erzieherin der Kindertagesstätte verweigert, kann sie zur Aufklärung ihrer Problematik nicht beitragen. Frau [redacted] hält sich für gesund, ihr Verhalten für normal und wird ihr Leben weiterhin in dieser Form gestalten. Da auch heute noch Hinweise auf Wahnvorstellungen vorliegen, kann man nicht davon ausgehen, dass die Psychose zum Stillstand gekommen ist. Außerdem wäre ein erneuter Schub für Außenstehende kaum sichtbar oder kontrollierbar, da Frau [redacted] isoliert lebt. Somit besteht eine Gefahr nicht nur für sie selbst, sondern auch für den fast zweijährigen [redacted].

WHOA?

DANN GEHEN SIE DOCH ZUM PSYCHIATER
ZUM PSYCHIATER MIT IHNEN
PSY CHI A TER
WISSEN SIE, WIE DAS GESCHRIEBEN WIRD
PSY CHI A TER
SIE VERRÜCKTER

Der Sportlehrer sagt, dass ich ihn siezen solle. Wir stehen vor der Sporthalle, roter Klinker, viel Glas, und warten auf die anderen. Du musst »Sie« sagen, sagt er. Er beachte schließlich auch meinen neuen Nachnamen. Ich bin zwölf Jahre alt und habe noch nicht richtig verstanden, was das bedeutet, siezen, weshalb ich alle Lehrkräfte duze. Ich bin zwölf Jahre alt und habe gerade meinen Nachnamen geändert, das heißt, ich habe der Namensänderung, die mein Vater mir vorgeschlagen hat, zugestimmt. Jetzt passt mein Nachname besser zum Nachnamen der übrigen Familienmitglieder. Ich mochte meinen alten Nachnamen, der einen schönen Klang hatte und mich relativ weit unten im Alphabet verortete, sodass ich in der Schule bei entsprechenden Kontrollen immer als einer der Letzten aufgerufen wurde. Und in den Fällen, in denen die Lehrerin den Zeigefinger zuerst drohend in die Luft hielt, um dann den Namen aufzurufen, auf den ihr Finger zeigte, nachdem er auf die Klassenliste herabgefahren war, kam ich selten dran. Das mochte ich auch. Aber der Nachname meiner Mutter passt nicht zum Nachnamen meiner Familie, wenn ich ihn ändere, gehöre ich auch äußerlich mehr dazu, da gibt es ja ohnehin keinen Unterschied, es kommen dann auch keine unnötigen Nachfragen mehr, und unpraktisch auf dem Briefkasten ist es auch – hatte mein Vater gesagt. Und eigentlich wollte ich meinen Nachnamen trotzdem gern behalten, aber da ich meinen Vater liebe und mich nicht traue, ihm zu widersprechen, habe ich direkt zugestimmt, als er mich nach dem Mittagessen, wir hatten gerade die Küche verlassen, standen im Flur, kurz zu sich nahm und fragte, ob ich nicht den gemeinsamen Nachnamen annehmen wolle. Ich sehe zum Sportlehrer hoch und sage: Ja, mach ich. Es ist Sommer, um die Mittagszeit, und die Sonne scheint hell auf den von Wiesen und Apfelbäumen gesäumten Kiesweg vor uns, der erst rechts über eine kleine Holzbrücke und dann links an einem schmalen Fluss entlang zum Schulgebäude führt. Nach und nach kommen die anderen aus der Sporthalle.

Er steht auf dem Gehsteig, sieht auf ein Haus. Neben dem Haus eine Kfz-Werkstatt und eine Imbissbude. Vor dem Haus ein Parkplatz: eine größere Fläche Schotter, die von einem etwa hüfthohen Drahtzaun umschlossen ist. Auf dem Parkplatz einige Pkw, einer brennt.

In die Fassade des Hauses ist ein Streifen Glasbausteine eingelassen, etwa zwei Meter breit, der sich von unten nach oben zieht. Aus dem Pkw, in dem es in kurzen, regelmäßigen Abständen knackt und splittert und kracht, ragen Flammen in den klaren Himmel. Es ist Nachmittag. Die Flammen, mehrere Meter hoch, strecken sich höher und höher und neigen sich dann nach rechts, wie ein Körper, der sich beim Dehnen zur Seite beugt – bis sie die Glasbausteine im zweiten Stock erfassen und an ihnen weiter nach oben lecken. Dahinter das Treppenhaus.

Er steht in einer Menschenmenge. Er hört, wie sich Stimmen überschlagen. Hinter ihm die Hauptstraße, ihre Geräusche:

Abbremsen
Anfahren
Beschleunigen
etc.

Er steht in einer Menschenmenge. Jemand hält ihn an der Hand.

Ob sie darin brenne, in dem Auto oder in dem Haus.

Nein. Es sei nicht ihr Auto, und sie habe nie in diesem Haus gewohnt.

SO

UND JETZT
KÖNNEN SIE SICH KAPUTTLACHEN
JA, KAPUTTLACHEN

IV

[redacted] Sie steht in der Wohnungstür. Der Mann steht vor ihr, im Treppenhaus.

Sie sehen sich an.

Sie habe das Formular bereits ausgefüllt und abgeschickt.

Sie solle aufhören damit. Sie habe gar nichts ausgefüllt und abgeschickt. Das Amt habe es ihm gesagt.

Sie sieht ihn an. Sie sieht, wie der Mund weiterredet, hört es. Sie hört keine Worte, Sätze. Sie hört: die Stimme eines Menschen, Sprachlaute, die Pausen dazwischen, seinen Atem.

Der Mund redet weiter. Die Arme und Hände des Mannes bewegen sich lose in der Luft, schnell.

Sie sieht in den Mund, an den Zähnen vorbei: Zunge, Mundhöhle, Gaumen, Rachen. Sie sieht am Mund vorbei, auf das glatte Gesicht dahinter, glatt wie Plastik. Sie sieht dem Mann in die Augen. Die Augen, weit geöffnet, sehen sie an. Der Mund redet weiter, die Lippen bewegen sich, schnell.

Sie spürt, wie sich in ihrem Körper zwei Impulse bilden. Sie spürt: Druck und Sog. Der Druck in ihrem Rücken schiebt sie nach vorn. Der Sog in ihren Augen zieht sie ins Treppenhaus.

Sie spannt die Muskeln an, die Beine, den Oberkörper, die Arme, ballt die Hände zu Fäusten. Sie steht im Eingang der Wohnung. Druck und Sog.

In der Familienrechtssache

des Herrn

– Antragsteller –

gegen

Frau

– Antragsgegnerin –

Der Text, den ich im Alter von dreiundzwanzig Jahren schreibe, folgt einer zyklischen Struktur: Die Ereignisse wiederholen sich; etwa, wie unter den auf der Betonebene zusammengepferchten Menschen Panik losbricht, ein Gescharre und Geschubse und Gedränge entsteht, und wie in dieser Panik einer der Menschen von anderen nach vorn gestoßen wird, wie er nach vorn stolpert, durch die anderen gelenkt, bis er vor der Frau, dem Betonklotz und der Liste derart unglücklich auftritt, dass er den Halt verliert und auf den mit *körperflocken* übersäten Betonboden knallt und sich den Arm bricht. Die gesplitterten Knochen ragen heraus, Knochenmark, Blut fließt, er schreit, die Schreie hören nicht auf. Ein anderer Mensch tritt heran, Schreie, zerrt ihn an den Haaren zurück über den Betonboden, Schreie, zum Ende einer Warteschlange, Schreie. Der Körper wird nach hinten durchgereicht, Schreie.

BETREFF: Re: Aw: Re: BAföG
Meine Mutter schreibt mir. Der erste Satz: *Aus gesundheitlichen Gründen* sage sie unser Treffen, das zwei Tage nach dieser Mail und elf Jahre nach unserer letzten Begegnung stattfinden sollte, ab. Dann: Ich könne ihr gern schreiben. Dann: *Hast du irgendein Problem?* Falls ja, solle ich mich per Post oder Mail äußern, vielleicht könne sie helfen. Hier in ihrer Wohnung sehe inzwischen übrigens alles anders aus. Ich würde

wohl nichts mehr wiedererkennen. *Bis dann. Herzliche Grüße deine Mutter.*

Druck und Sog. Sie spürt Druck und Sog.
Sie steht im Eingang der Wohnung.
Vor ihr der Mann, der Mund. Er sagt etwas.
Druck und Sog.
Sie schließt die Augen.

wird

das Aufenthaltsbestimmungsrecht

entzogen

und dem Jugendamt der Stadt

als Pfleger übertragen

Oder: wie nach der Selbstdemontage eines Menschen durch spastische Zuckungen sofort ein anderer Mensch aus einer der Warteschlangen hervorschnellt, zur Frau hin, und die vor ihr auf dem Beton verstreuten Körperteile aufhebt – Oberarme, Unterarme, Hände, Oberschenkel, Unterschenkel, Knie, Füße, Hals, überall vollkommen glatte Brüche und Kanten, glatt wie Plastik – und wie dieser Mensch der Frau alles servil auf den Beton der Tischplatte legt. Die Frau, *fingernägel hart und scharf,* zerfetzt, quetscht zusammen, schleudert hoch. Zurückbleiben, auf dem Betonboden, Torso und Kopf. Der Torso wird nach hinten durchgereicht, der Kopf in einer der ersten Reihen hochgehalten wie eine Trophäe.

Sie hält die Augen geschlossen.
Druck und Sog.
Sie hält die Augen geschlossen
und sieht, wie ihr Oberkörper nach vorn zuckt,
sich vorbeugt.
Sie hält die Augen geschlossen
und sieht, wie sie so, mit vorgebeugtem Oberkörper,
an dem Mann vorbei, zum Treppengeländer stolpert.
Sie hält die Augen geschlossen
und sieht, wie ihr Bauch das Treppengeländer berührt,
wie ihr Oberkörper sie weiterzieht, nach unten,
wie ihr Kopf sich ins Treppenhaus senkt.
Druck und Sog.
Sie hält die Augen geschlossen
und sieht, wie ihr Bauch über das Geländer rutscht,
wie sie kopfüber zu Boden fällt.

Oder: wie die Frau schreit.

S!A!A!T!K!A!T!A!R!A!K!T!!

Und: wie sie dann die Einzelteile des vor ihr zerrissenen Menschen, alles außer Kopf und Torso, noch einmal zusammenquetscht und den Klumpen nach oben schleudert. Auch dieser Klumpen explodiert im Flug – und die Körperstückchen prallen gegen die an der Himmelsdecke übereinandergeschichteten *arm-, bein-, hand-, fuß-, finger-, zehenreste* und bleiben haften. Die Frau hakt den nächsten Eintrag ab und zitiert denjenigen der vor ihr versammelten Menschen zu sich, der den verbliebenen Kopf in den Händen hält: *springt zum tisch, sackt, hat kniefallanfall: hält in starren stangenarmen kopfblock hoch. frau packt das an, klammert, hand klatscht an kopffront: nagel-*

kanten rammen wangen, kratzen, dass alles gerastert – brechen schädelplatte auf, langen rein, stechen tief ins hirn, schaufeln raus: kopfmatsche hoch, pappt.

Dann ist der nächste an der Reihe, dann der übernächste, bis alle Menschen zerfetzt, alle Einträge auf der Liste abgehakt sind, was jedoch nicht näher beschrieben wird. Der Text, den ich schreibe, lässt hier eine Leerstelle in Form einer Leerzeile. Im Anschluss wird lediglich angegeben, wie viel Zeit verstrichen ist, bis es außer der Frau keinen lebenden Menschen mehr auf der Betonebene gibt: *jahre.*

Sie öffnet die Augen.

Sie steht in der Wohnungstür. Der Mann steht vor ihr.

Sie sieht an ihm vorbei, ins Treppenhaus. Sie faltet den Briefumschlag in der Mitte, wiederholt den Vorgang. Dann knüllt sie das entstandene Rechteck zusammen, das braune Papier des Umschlags und das weiße Papier darin. Dann streckt sie, die Lippen geschlossen, ruckartig den Arm aus und schleudert den zerknüllten Briefumschlag nach vorn.

Der Briefumschlag schnellt am Mann vorbei, über das Geländer und fällt durch das Treppenhaus.

Sie steht in der Wohnungstür. Sie sieht den Mann an. Der Mann: eine Ansammlung unverbundener, in der Luft stehender oder umherwehender Körperteile, Kopf, Hals, Rumpf, Oberarme, Ellbogen, Unterarme, Hände, Oberschenkel, Knie, Unterschenkel, Füße, Luft.

Der Mann sagt etwas, der Mund,

der vor dem Mann in der Luft schwebende Mund sagt etwas.

Sie tritt zurück, in den Flur und wirft die Wohnungstür zu.

Die Tür knallt ins Schloss.

Einen Moment ist es still.

Dann hört sie es klopfen.

Sie hört es gegen die Wohnungstür klopfen.

Der Kindesvater

erhält

das Recht zum persönlichen Umgang

mindestens an

Wochenenden

nach näherer Absprache

mit dem Jugendamt der Stadt

Sie hört es gegen die Wohnungstür schlagen.
Sie steht hinter der Wohnungstür.
Der Mann steht vor der Wohnungstür.
Sie hört es gegen die Wohnungstür schlagen.

[redacted] »Wohin, Hans?« »Zur Gretel, Mutter.« »Mach's gut, Hans.« »Schon gut machen. Adies, Mutter.« »Adies, Hans.«

Hans kommt zur Gretel. »Guten Tag, Gretel.« »Guten Tag, Hans. Was bringst du Gutes?« »Bring nichts, gegeben han.« Gretel schenkt dem Hans eine junge Ziege. »Adies, Gretel.« »Adies, Hans.«

Hans nimmt die Ziege, bindet ihr die Beine und steckt sie in die Tasche. Wie er nach Hause kommt, ist sie erstickt. »Guten Abend, Mutter.« »Guten Abend, Hans. Wo bist du gewesen?« »Bei der Gretel gewesen.« »Was hast du ihr gebracht?« »Nichts gebracht, gegeben hat.« »Was hat dir Gretel gegeben?« »Ziege gegeben.« »Wo hast du die Ziege, Hans?« »In die Tasche gesteckt.« »Das hast du dumm gemacht, Hans, musstest die Ziege an ein Seil binden.« »Tut nichts, besser machen.«

»Wohin, Hans?« »Zur Gretel, Mutter.« »Mach's gut, Hans.« »Schon gut machen. Adies, Mutter.« »Adies, Hans.«

Hans kommt zur Gretel. »Guten Tag, Gretel.« »Guten Tag, Hans. Was bringst du Gutes?« »Bring nichts, gegeben han.« Gretel schenkt dem Hans ein Stück Speck. »Adies, Gretel.« »Adies, Hans.«

Hans nimmt den Speck, bindet ihn an ein Seil und schleift's hinter sich her. Die Hunde kommen und fressen den Speck ab. Wie er nach Haus kommt, hat er das Seil an der Hand, und ist nichts mehr daran.

[redacted] Er geht durch den Park. Die Cousine geht mit ihm.

Es komme eben darauf an, was er hier wolle, welches Ziel er verfolge. Er verfolge doch ein Ziel. Er wolle doch nicht einfach weiter so hier umherlaufen und sich, so als renne er in einem dunklen Zimmer nacheinander gegen jede Wand, überall den Kopf stoßen, oder. Er müsse aufpassen.

Wieso denn. Er sei freiwillig gekommen, er könne jederzeit auch freiwillig wieder gehen. Was solle ihm schon passieren. Man habe ihm ja auch einen Brief geschickt und den Schlüssel. Wieso hätte man das denn tun sollen, wenn man nicht gewollt hätte, dass er komme.

Ja. Und doch. Er solle sich zum Beispiel nur einmal genau im Park umsehen. Was für ein Park dies eigentlich sei.

Ich sitze am Schreibtisch, vor mir mein Laptop, das geöffnete Audioprogramm. Nacheinander schiebe ich die Mikrokassetten in den Rekorder, nehme alles auf. Die Kassetten sind teilweise mit Anrufen aus späterer Zeit überspielt, Familienzeit, meine Brüder sind geboren, viele Anrufe gelten ihrer Mutter, meist Freundinnen, die ebenfalls Mütter sind, es geht um Verabredungen der Kinder zum Spielen, darum, wer wann auf wen aufpassen kann, wann ein guter Termin für ein gemeinsames Treffen wäre, dass die Mutter meiner Brüder zurückrufen möge etc. Auf einer Kassette zunächst die Stimme eines Mannes, der anscheinend der Liebhaber einer alten Freundin meines Vaters war, diese Freundin hat, wie mein Vater mir einmal erzählt, ihm damals den Anrufbeantworter geschenkt, er die dazugehörigen Kassetten aber offenbar nicht vorher gelöscht, sondern die alten Aufnahmen von den neuen überspielen lassen. Der Liebhaber wiederholt in einer Art Singsang minutenlang, so kommt es mir jedenfalls vor, den Namen dieser Freundin und wie sehr er sie liebe, dass sie zusammenbleiben und sich unbedingt und sofort sehen müssten etc. Er liebe sie, Stimme rauf, er liebe sie, Stimme runter, er liebe sie, Stimme rauf, er liebe sie, Stimme runter, er liebe sie, er liebe sie, er liebe sie, so sehr, so sehr, so sehr. Dann, plötzlich, die Stimme meiner Mutter, wie sie meinen Vater bedroht und verspottet, wie sie ihm tödliche Krankheiten an den Hals wünscht und ihm prophezeit, dass er bald sterben werde. Mal klingt ihre Stimme beschwörend, dann wie die Stimme einer anderen Person, dann verführerisch, so als wolle sie meinen Vater in eine Falle locken, dann schreit sie ihn an, und die Aufnahme übersteuert. Zwischen den meist kurzen, nur zwei, drei Sätze enthaltenden Aufnahmen meiner Mutter immer wieder das hohe, doppelte Piepen des Anrufbeantworters, das anzeigt, dass der jetzige Anruf vorbei ist, dann kommt direkt der nächste, im Hintergrund manchmal sphärische Musik. Einmal scheinen die Aufnahmen von ihr zu Ende zu sein, es piept, dann höre ich die Stimme eines Freundes meines Vaters, der nur mal so anrufen wollte, wenn mein Vater Lust habe und später noch mal zu Hause sei, könne er ihn ja zurückrufen. Dann, vollkommen wirr und vollkommen unverständlich, eine kurze Serie von Anrufen meiner Mutter, die Aufnahmequalität ist schlecht, ich kann die Silben nicht auseinanderhalten, ist das vielleicht eine andere Sprache, ich habe keine Ahnung, was sie da sagt. Dann bricht das Band ab. Ich transkribiere jedes Wort, das ich verstehen kann. Bei den anderen rate ich.

Sie bleiben stehen. Er blickt sich um. Der Park ist groß.

Er erinnert sich: Der Park ist von vielbefahrenen Straßen eingeschlossen.

Hier gibt es:
Bäume
Büsche und Sträucher
Bänke
Spielplätze
Gehege und Käfige
einen Minigolfplatz
etc.

Sie gehen weiter. Er sieht: Der Park ist voller Menschen, die sich hin und her bewegen. Sie bewegen sich allein, in Paaren oder Gruppen. Teilweise verwenden sie Dinge, Fahrräder, Dreiräder, Kinderwagen, Frisbees, Bälle etc. Es ist sehr hell.

Sie gehen weiter. Er sieht: Der Park ist voller Menschen. Sie stehen auf den Wiesen und Wegen, sitzen auf Decken und Bänken etc. Es gibt wenige Wolken, die schnell vorüberziehen.

Sie gehen weiter. Er hört: Die Menschen reden, lachen, rufen etc. Der Wind rauscht in den Bäumen. Er sieht: Die Zuckungen der Büsche und Sträucher, der Äste und Zweige, des Laubs.

Es sei ein ganz gewöhnlicher Park.

Der Weg führt sie am Fuß eines Hügels entlang.

Sie seien gleich da.

Und die hat die Leute ganz schön angeschnauzt. Die war, das war sie am Anfang, wo ich sie kennenlernte, überhaupt nich. Das, diese Psychose hat schon bei ihr das bewirkt, dass sie sehr aggressiv wurde. Ja, is wahrscheinlich eh das ganze Problem, Gewalt. Warum wird ein Mensch so, wie er da is? Und wieso zeigt er sich in so einem psycho-, psychotischen Zustand is ja auch n Zustand, in dem ne andere Wirklichkeit herrscht, wo das nich mehr kontrolliert is. Wenn deine, wenn deine Psyche sich zeigt, und sie wird nich kontrolliert, dann zeigst du Sachen von dir, die du sonst immer unter Kontrolle hast. Und wenn du diese Kontrollmechanismen nich mehr hast, dann zeigst du im Grunde genommen das, was wirklich in dir drin is. Aber wie kommt so viel Gewalt und so viel sprachliche Gewalt da rein?

Du gehst durch das Treppenhaus in die Wohnung zurück
Du musst etwas suchen

Sie stehen am Rand eines Abgrunds. Der Abgrund führt mitten durch den Park. Die andere Seite ist etwa zehn Meter entfernt. Sie sind allein.

Er sieht nach unten. Da ist nichts. Er sieht nach unten. Er sieht nichts, hört nichts.

Damals sei hier ein See gewesen.

Er solle genauer hinsehen, genauer hinhören.

Er hockt sich hin, hält den Kopf über den Abgrund, sieht nach unten.

Er sieht: minimale Wellen,
als hätte jemand die Hand geöffnet
und einen Kieselstein fallen lassen,
und der Kieselstein hätte die Oberfläche durchbrochen,
und jetzt würde die Luft Wellen bilden,
minimale Wellen,
und die Wellen rollen heran, ans Ufer,
und durch die Wellen ziehen Wolken,
und unter den Wellen ein Park, in dem Menschen sind.

Sein Gesicht   und sein Gesicht   und sein Gesicht sieht ihn an.

Er richtet sich wieder auf.

Er sieht nach unten.

Nichts.
Er hockt sich hin.
Er hört: wie die Wellen ans Ufer schwappen.

Er hört:

Schritte,

eine weit entfernte Stimme.

Er richtet sich wieder auf.

Warum sie ihm das zeige.

Weil es etwas deutlich mache. Etwas über diesen Ort.

Was.

Das könne sie ihm nicht sagen. Sie könne es ihm nur zeigen.

Warum.

Er müsse es selbst herausfinden. Sie könne es ihm nicht sagen.

Ob es hier noch andere Dinge gebe, die sie ihm zeigen könne.

Ja.

Du gehst durch das Treppenhaus in die Wohnung zurück Gehst in die Wohnung in die Wohnung zurück in die Wohnung Du musst etwas suchen Du musst dich jetzt darum kümmern Es ist im Wohnzimmer Ja im Wohnzimmer ist es Ja im Wohnzimmer Dort Dort ist es und dort ist es ein Problem Dort stellt es ein Problem dar Dort Dort Woanders wäre es dir egal Scheißegal Woanders ginge es dich nichts an aber dort im W Ww Wo Wo Wo

Sie gehen weiter, gehen den Hügel hoch.

[redacted] Es schlägt gegen die Wohnungstür. Es schlägt wieder gegen die Wohnungstür. Sie hört es gegen die Wohnungstür schlagen. Es schlägt gegen die Wohnungstür.

Es schlägt gegen die Wohnungstür.

In seiner Entwicklung zur Selbstständigkeit macht [redacted] entsprechend den Angaben seiner Mutter gute Fortschritte. Durch Nachahmen und Experimentieren vollzieht er einfache Alltagstätigkeiten nach und bewegt sich in Grenzen freiwillig von der Mutter weg, um z. B. in der Anwaltspraxis umherzulaufen. [redacted] soll gelegentlich einen ganzen Vormittag allein spielen können, was als altersgemäß angesehen werden kann. Dagegen sind [redacted]s Fähigkeiten, mit unbekannten Personen Kontakt aufzunehmen, und seine Bereitschaft dazu noch wenig ausgebildet. Der Junge zeigt zwar Interesse, wenn vertrautere Personen sich ihm nähern, z. B. Rechtsanwalt [redacted], den er anlächelte, zu dem ihm fremden Unterzeichner nahm er jedoch auch nach einer dreistündigen Gewöhnungsphase keinen Kontakt auf. Er verzog sogar das Gesicht und begann zu weinen, als dieser ihn einmal zur Mutter zurückführen wollte.

Es schlägt gegen die Wohnungstür. Sie hört es gegen die Wohnungstür schlagen. Es schlägt gegen die Wohnungstür.

Wenn ich, und das ist selten, Freunden oder, noch seltener, Arbeitskollegen von meiner Mutter, den Gutachten, dem Prozess und davon erzähle, dass ich als Kleinkind fast zwei Jahre lang allein mit ihr gelebt habe, in der Zeit ihrer Psychose, isoliert von der Außenwelt, und keine Ahnung, was da passiert ist, dann sind sie häufig schockiert. Wenn ich daran denke, spüre ich meistens gar nichts. Ein, zwei Mal habe ich, erinnere ich mich, in den letzten Jahren geweint. Und als ich meine Mutter, ich muss sieben oder acht Jahre alt gewesen sein, dann irgendwann gar nicht mehr gesehen habe, hat mich das nicht länger beschäftigt, zumindest kann ich mich nicht daran erinnern, es hat keinen bleibenden Eindruck bei mir hinterlassen. Es war dann halt so. Ich habe sie von diesem Zeitpunkt an einfach nicht mehr gesehen. Manchmal Wut.

Als sich der Text, den ich schreibe, seinem Ende zuneigt, hat sich eine solche Menge an Leichenteilen an der Himmelsdecke abgelagert, dass sich die letzte Schicht in unmittelbarer Nähe zur Betonebene befindet: *das alles abgehakt: tischrinnen mit halsklammern voll. körperwald abgeholzt. raster schneebedeckt: geflockte haut übersät torsos, ebene blass begraben. decke stärker beklebt, menschenreste hängen rasternah: fassbare -masse.* In dieser Situation steigt die Frau auf den vor ihr stehenden Betonklotz, den Tisch, streckt ihren Arm nach oben und greift in die *menschenmatsche, gräbt rum in extremitätenspänen, holt rohes von den knochen, lässt knacken, dass das platzt* – und schreit.

N!I!E!D!E!R!S!C!H!L!A!G!!

P!F!L!A!N!Z!U!N!G!!

Die an der Decke klebenden *arm-, bein-, hand-, fuß-, finger-, zehenreste* und Köpfe fallen sofort nach unten, schmelzen, fließen über den am Boden liegenden Torsos zusammen, erstarren kurze Zeit später wie erkaltende Lava und bedecken schließlich die gesamte Betonebene, *fleischfarbenes erdreich das*. Daraufhin wachsen Menschen aus diesem *körperbeet*, es nach und nach aufzehrend, *rohmaterial das, verbraucht*. Die Menschen lesen die verstreuten Tackerklammern auf, drücken sie sich in die Hälse. Dann gruppieren sie sich um die auf dem Betonklotz stehende Frau und fassen mit den Händen nach ihr, halten sie fest. Es folgt das letzte Bild: *frau auf tisch mit körperkörnern übersät. das wuchert hoch: blanke achsen wachsen über frauenkörper, binden listenfinger fest – ranken ineinander: alle hände überkleistert, frau von kopf bis fuß in fremdhaut wie in folie eingeschweißt, nur mund bleibt frei, sagt: atmungsangst.*

Es schlägt gegen die Wohnungstür. Sie steht dahinter.

Die Mutter beschreibt einen normalen Kontakt [redacted]s mit Gleichaltrigen auf dem Spielplatz. In der Verhaltensbeobachtung wirkte der Junge jedoch eher gehemmt und übervorsichtig. [redacted] ist, wie beschrieben, bisher stark isoliert worden. Einige Monate wurde er in der Kindertagesstätte betreut, in der er sich nach Auskunft Herrn [redacted]s sehr wohlfühlte, festere Kontakte knüpfte und an Spielen teilnahm. Nach dem ersten Lebensjahr wurde er abgemeldet und hat nach großer Wahrscheinlichkeit keine andere Beziehung außer der zu seiner Mutter erlebt. Es ist schon jetzt zu befürchten, dass [redacted] bei seiner Einordnung in Kindergartengruppen oder Schulklassen Schwierigkeiten haben wird, da er wichtige soziale Erfahrungen nicht gemacht hat.

Es schlägt gegen die Wohnungstür.

Dann hört es auf. Es hört auf, gegen die Wohnungstür zu schlagen.

Sie hört: nichts.

Sie tritt an die Tür heran, sieht durch den Spion.

Sie sieht: nichts.

Sie öffnet die Tür. Sie sieht nach unten.

Sie sieht: Die Körperteile des Mannes

liegen übereinandergestapelt auf den Fliesen, der Fußmatte. Ein Haufen Einzelteile. Füße, Beine, Rumpf, Arme. Hände, Hals, Kopf, Mund. Alles liegt reglos da. So als hätten mehrere Scheren alle unsichtbaren Schnüre, welche die Körperteile des Mannes verbunden hatten, gleichzeitig gekappt. So als wäre alles ruckartig und lautlos hingefallen. Auf die Fliesen des Treppenhauses, die Fußmatte.

Der Text, den ich schreibe, ist eine Zumutung. Das liegt insbesondere an der artifiziellen Sprache, in der erzählt wird, die den Ort und die Figuren der Handlung mehr verschleiert als verdeutlicht und dem flüssigen Lesen zahlreiche Hürden in den Weg stellt, zum Beispiel durch den weitgehenden Verzicht auf Pronomen, die nicht den Regeln der Grammatik entsprechende Hintanstellung der Artikel, die Häufung von Neologismen wie *hautfolie* oder *kopfkontrakt* sowie die generelle Überformung des Erzählten durch die Lautung der Sprache: Die Aneinanderreihung möglichst vieler Reime, Assonanzen, Alliterationen etc. scheint mir wichtiger gewesen zu sein als eine möglichst plastische Schilderung der erzählten Welt.

Als ich den Text in einem Workshop vorstelle, etwa zehn bis fünfzehn Menschen, sagt jemand, dass es nicht sein könne, dass ein Text noch nicht einmal von denen verstanden werde, die die Lektüre explizit vorbereitet hätten. Er habe den Text zweimal gelesen und keine Ahnung, wovon da erzählt werde. Ich bin perplex, sage nichts. Die anderen diskutieren ohne mich weiter, und schließlich zeigt sich, dass zumindest einer der Teilnehmenden, ein Freund von mir, verstanden hat, worum es in dem Text, den ich geschrieben habe, geht. Ich sehe ihn an. Sein Gesicht ist hochrot.

Zwei Flaschen Bier und eine Tasse Tee später, wir sitzen immer noch im Arbeitszimmer meines Vaters, das Aufnahmegerät läuft weiter, hinter den Fenstern ist es dunkel geworden, frage ich ihn, ob er glaube, dass mich die Zeit, die ich allein mit meiner Mutter verbracht habe, geprägt hätte, und wenn ja, wie. Er antwortet, dass mich das natürlich geprägt haben werde – so wie wir durch alles im Leben geprägt würden –, aber dass das ja auch nichts Schlechtes sein müsse, wahrscheinlich hätte ich auch viel Liebe und Zuwendung durch meine Mutter erfahren, das sei ja keine Höllenveranstaltung gewesen. Wir sehen uns an. Eine kurze Pause. Abgesehen davon, fährt mein Vater fort, könne er überhaupt nicht sagen, inwiefern mich das geprägt habe, da wolle er nicht drüber spekulieren. Er finde ja nicht, dass man mir da was anmerken würde, ich sei ja nicht so ein Exot, ich sei ja ganz normal. Ist das so, denke ich und sage: Ja, stimmt.

Warum schreibe ich so einen Text?

Sie sieht nach unten, auf die Fußmatte. Sie schließt die Tür. Sie dreht sich um. Sie geht ein paar Schritte durch den Flur. Dann links ins Wohnzimmer.

An der Wand rechts neben der Tür ein Sofa.

Davor ein niedriger Tisch.

Davor ein Fernseher.

An der Wand links neben der Tür ein Schrank.

An der Wand gegenüber der Tür ein Fenster.

Sie setzt sich aufs Sofa.

Sie stehen auf einem Plateau. Ein paar Bäume, Sträucher, Wege, eine große Wiese. Um sie herum Menschen, die Drachen steigen lassen, einfache Drachen, Lenkdrachen, die durch den Wind brausen; Menschen, die Fußball spielen – die Tore die Abstände zwischen zwei Jacken, die zusammengeknüllt auf den Grashalmen liegen –; Menschen, die Namen rufen, lachen, andere rennen hintereinander her und strecken die Arme nacheinander aus, sie keuchen, schreien; Menschen, die auf dem Plateau umhergehen und dabei miteinander reden oder nicht, sich an den Händen halten oder nicht etc.

Es sei wie auf diesem Plateau. Er könne zwar überall hingehen. Er könne aber nicht alles machen. Er könne nicht alles machen, einfach, weil ihm manches fehle. Dass er zum Beispiel keinen Drachen habe, um ihn steigen zu lassen. Und keinen Ball, um ihn zu schießen. Und niemanden, der mit ihm spielen könnte. Ob er das verstehe.

Ja.

Und ob er dort hinten das Ende des Plateaus sehe.

Ja.

Sie wisse zwar nicht, wie es dort aussehe. Ob es dort schräg nach unten gehe oder ob es dort einfach aufhöre und nichts mehr gebe außer eben nichts. Sicher sei aber, dass er, wenn er nicht den geeigneten Weg zurückgehe, wenn er etwa nicht mit ihr zurückgehe, dass er dort abrutschen und sich überschlagen oder direkt in eine bodenlose Tiefe stürzen würde. Genauso sei es hier.

Ja. Ob sie ihm jetzt die anderen Dinge zeigen könne.

Ja.

Ich kann dir nich sagen, was mit ihr in ihrer Kindheit gemacht worden is. Ich weiß, dass sie das Lieblingskind von ihrem Vater war, die ham ja sieben Kinder, und sie war schon sein Lieblingskind. Ich weiß nich, was dieser Mann mit diesem Kind gemacht hat, weiß ich nich. Der war selber sehr dominant, der hat mir immer gesacht, du, du magst Autos reparieren können, aber von Pädagogik und wie man Kinder erzieht, das musst du von mir lernen, das weiß ich besser. Ja, so war er. Aber ich kann dir nich sagen, wie weit, warum, also wenn man heute Geschwister, du hass die ja kennengelernt, du kennst sie ja, die wirken ja nun nich extrem dominant o-, oder gewalttätig.

Sie kommen an eine Stelle, an welcher der Asphaltweg des Parks ausläuft und in einen Weg aus aufgeschüttetem Sand übergeht. Am Ende des Wegs ein Holzzaun, dahinter ein größeres Freiluftgehege, einige Esel und Pferde. Am Rand des Wegs einige Käfige, in denen verschiedene Vögel hocken und flattern und staksen, ein Pfau, ein paar Fasane etc. Kurz vor dem Freiluftgehege, an der Seite, eine schmale Pferdebox.

Er hört, wie einige Erwachsene, die mit Kind oder Kindern vor den Käfigen und dem Freiluftgehege stehen, etwas sagen, wie die Kinder antworten oder nicht, wie Hände über den Stoff von Hosen, Jacken, Rucksäcken reiben, etwas hervorholen, wie die Tiere schmatzen oder ruckartig aufflattern, wie die Kinder lachen, wie die Menschen hin und her gehen, ihre Schuhe dumpf im Sand aufsetzen. Er sieht: wie die Menschen überallhin gehen außer zu der Pferdebox.

Er zeigt darauf.

Warum dort niemand sei.

Weil sie die Box nicht sehen könnten.

Meine Freundin auf dem Spielplatz, mit drei Jahren. Meine Freundin im Garten ihrer Eltern, zwei Jahre, meine Freundin vor dem Weihnachtsbaum, ein Jahr. Meine Freundin am Strand, meine Freundin mit ihrem Vater, immer wieder meine Freundin mit ihrer Mutter. Meine Freundin und ich sind bei ihren Eltern zu Besuch, wir sitzen auf dem Boden im Wohnzimmer, vor uns mehrere Alben mit Bildern von ihr, als Baby, als Kleinkind. So viele Fotos, denke ich, und: Die Fotos, die ich von mir aus dieser Zeit habe, kann ich an zwei Händen abzählen. Meine Freundin tippt mich an der Schulter an, ich sehe zu ihr, sie blättert um, die letzte Seite, das letzte Foto, ich sehe es an, ich nicke. Dann legt sie das Album zur Seite und öffnet das nächste.

Wo Wo Wo Ww Www Ww Wo im Wohn im Ww Wwa Wa Wann Ww Wwann Wann Ww Wahn

Sie stehen vor der Pferdebox.

Er blickt über das Gatter hinein. Er sieht nichts als Schwarz. Er hört nichts.

Er solle den Kopf hineinhalten.

Er hält den Kopf hinein. Einige Sekunden lang sieht er nichts, es ist vollkommen dunkel. Dann, einige Meter entfernt, die Silhouette einer Person, die dort, wo die Haut zu sehen ist, am Kopf und Hals, an den Armen, Händen, ein schwaches Licht abstrahlt; sie steht mit dem Rücken zu ihm vor der Rückwand der Box, die kurzen Arme rechts und links schräg nach unten hin ausgestreckt, die Hände: Fäuste. Er hält den Kopf weiter in das Innere, den Oberkörper weit vorgebeugt, und registriert, wie sich sein Sehen verändert. Er spürt einen leichten Sog, so als würde er

langsam eingeatmet,

und der Sog zieht seine Sicht
nach und nach immer tiefer in das Dunkel der Pferdebox,

bis es stoppt und er die hellen Härchen im Nacken der Person erkennen kann, die starre Aufrichtung der Wirbelsäule, des gesamten Körpers, durch den Stoff der Hose den Druck der Muskeln in den Ober- und Unterschenkeln und wie die Person stellenweise ein schwaches Licht produziert, ein weißes Glimmen, wie Wachs, und wie die Haut, als wollte sie sich zeigen, aus sich selbst heraus leuchtet, während seine Augen die Rückseite des Körpers weiter abscannen, es ihn mit einem Mal an ihre Wange saugt, an den Rand der Lippen,

an den Rand der Lippen

an den Rand

an den Ra-

an den

an

a-

– –

und seine Sicht zurückprallt, wie weggestoßen, und nichts mehr da ist außer Konturen, einem schwachen Schein, und der Sog nachlässt, die Distanz größer wird: Er hält seinen Kopf über das Gatter der Pferdebox, sieht zur Rückwand der Box und sieht, dass die Rückwand weiter entfernt ist als vorher, mindestens fünfzig Meter, er kann es nicht genau erkennen.

Dann hört er ein Knurren. Er hört, wie das Knurren anschwillt. Er hört ein Stampfen und Scharren. Es ist laut. Und in dieses Knurren und in dieses Stampfen und Scharren mischt sich ein Murmeln, es wechselt sich ab.

Er zieht seinen Kopf aus der Pferdebox, geht einen Schritt zurück, tritt wieder vor, blickt hinein: Er sieht nichts, hört nichts.

Wo Wo Wo Ww Www Ww Wo im Wohn im Ww Wwa Wa Wann Ww Wwann Wann Ww Wahn Wahn im Wohn Ww Wann Wahn im Ww Www Wo Wohn Wohnzimmer Ww Ww Wahnzimmer Wohnzimmer Wahnzimmer Wohnzimmer Wohnzimmer WwWohnzimmer Wahnzimmer Wohnzimmer Wohnzimmer im Wohnzimmer stellt es ein Problem dar Du musst dich jetzt darum kükümmern Kü Kü Kükümmern musst du dich darum das Problem Darum was es mit dir macht was es von dir weiß was das mit dir macht dass es von dir weiß was es von dir w wweiß Du weißt das ist ganz klar glasklar sonnenklar Du weißt es stellt ein Problem dar Du weißt es stellt ein Ärgernis dar Du weißt es stellt eine Bedrohung dar eine neue Bedrohung eine alte Bedrohung eine neue alte Bedrohung eine alte neue Bedrohung Es stellt eine Bedrohung dar ein Problem ein Ärgernis eine Bedrohung stellt es dar Du musst das Problem lösen Du musst das Ärgernis beseitigen Du musst die Bedrohung abwenden Du musst dich jetzt darum kümmern Wenn du dich jetzt nicht darum kü kükü kü kükümmerst dann kannst du es vergessen dann wirst du nichts mehr zurückhalten können von dir dann ist es zu spät dann ist nichts mehr zu machen

Vor einigen Stunden ist der erste meiner Brüder geboren worden. Ich bin zehn Jahre alt, werde bald elf. Als ich ins Krankenhaus gehe, um ihn und seine Mutter zu besuchen, begegne ich im Flur einer Frau, vermutlich eine Freundin der Mutter meines Bruders, die mir als eine Art Trost, ich sei ja nun nicht mehr allein, eine große Packung *Merci* schenkt. Ich solle nur nicht eifersüchtig sein, sagt sie, es sei doch sehr schön, dass ich jetzt ein Brüderchen hätte. Ich stimme ihr zu, bedanke mich für die Schokolade und gehe weiter. Ich habe wirklich keine Ahnung, was sie meint. Wieso sollte ich eifersüchtig sein? Ich öffne die Zimmertür, sehe meinen neugeborenen Bruder und seine Mutter, er schläft in ihren Armen, sie sitzt im Bett, an die Kissen gelehnt. Ich freue mich, sie beide zu sehen, und laufe auf sie zu.

DIREKTVERFOLGUNG TRITT EIN

SIE SIND IN EINER KABINE, IN DER TEUFELSKABINE

DIREKTVERFOLGUNG TRITT EIN

KÄMPFEN SIE DOCH MAL MIT MIR, SIE WERDEN VERLIEREN

Er klettert über das Gatter.

Er geht ein paar Schritte. Das Knurren wird lauter. Das Stampfen, Scharren, Murmeln. Es wechselt sich ab, hüllt ihn ein. Er geht weiter. Es wird lauter. Er spürt, wie der Schall gegen seinen Körper drückt, von rechts, links, vorn, hinten. Er sieht nichts.

Er dreht sich um. Schwarz. Das Gatter, die Cousine, der Park: nichts.

Er dreht sich um. Schwarz. Es wird lauter. Es wird lauter. Die Geräusche so nah, als kämen sie aus ihm selbst, das Knurren, Stampfen, Scharren, Murmeln. Als drängten sie aus seinem Körper, seiner Haut, prallten gegen die Wände, pressten, von den Wänden zurückgeworfen, gegen ihn. Es wird lauter.

Wo sie sei.

Es ist so laut, dass er die Geräusche nicht mehr unterscheiden kann.

Wo sie sei. Wo sie sei.

Er geht weiter. Schwarz. Er geht weiter. Schwarz. Von Zeit

zu Zeit dreht er sich um. Schwarz. Er kann nicht erkennen, wie weit er gekommen ist. Ob er überhaupt weitergekommen ist. Es wird lauter.

Er bleibt stehen. Er atmet ein. Der Druck des Schalls auf seinem Körper.

Er bleibt so stehen. Er atmet aus. Der Druck.

Er bleibt so stehen. Er atmet ein. Er atmet aus.

Er bleibt stehen.

Stille.

Plötzlich Stille. Als wäre etwas geplatzt. Als wären die Geräusche geplatzt. Als wären seine Ohren geplatzt. Stille.

Er bleibt so stehen.

Stille.

Er bleibt so stehen.

Dann,

sehr leise,

hört er es hinter sich atmen.

Er hört es hinter sich atmen.

Er hört es hinter sich atmen, und er spürt eine Hand auf seiner Schulter. Auf seiner Wange. Er bleibt so stehen. Die Hand streicht über seine Wange. Die Hand streicht über die Wange. Die Hand streicht über die Wange, die Seite seines Halses, über die Schulter, über den Oberarm, über den Unterarm und fasst seine Hand. Die Hand hält die Hand und drückt sie. Drückt sie. Drückt sie. Lässt sie los.

Er dreht sich um, rennt.

Schritte in seinem Rücken. Ein Murmeln.

Er klettert über das Gatter.

Die Cousine nimmt ihn an der Hand.

Er blickt zurück in die Pferdebox. Er sieht nichts, hört nichts.

Mein Vater steht auf, greift nach einer großen silbernen Box, die auf einer an der Wand angebrachten Ablagefläche hinter dem Schreibtisch steht, setzt sich wieder, legt sich die Box auf den Schoß, öffnet sie, kramt darin herum. Ich sehe ihm zu, wir schweigen. Dann fischt er einen kleinen Stapel Fotos heraus, schließt die Box und stellt sie auf den Tisch. Er rückt mit seinem Stuhl zu mir heran, setzt sich neben mich und zeigt mir die Fotos: meine Mutter und er, Mitte, Ende zwanzig, mit Freunden im Urlaub am Strand. Sie beide, frisch verliebt. So also sah meine Mutter aus, kurz bevor sie schwanger wurde.

ABER SIE HABEN ES NUN MIT MIR ZU TUN
UND NICHT UMGEKEHRT
FALLS SIE ÜBERHAUPT NOCH IRGENDEIN WORT VERSTEHEN
UND DAMIT SCHLUSS

[redacted] Sie steht auf, geht zum Fenster.

Vor dem Fenster hängen weiße Vorhänge.

Hinter den Vorhängen, unten, ein Spielplatz, der von grauen, etwa hüfthohen Drahtzäunen begrenzt ist,

eine Rutsche

ein Klettergerüst

ein Sandkasten

Bänke

etc.

Daneben ein Weg.

Zu seinem psychischen Befinden ist anzuführen, dass der Junge recht gedämpft wirkt. [redacted] kann sich zwar länger allein beschäftigen, bleibt dabei aber in seiner eigenen Welt, ohne Interesse an wechselnden Reizen oder Veränderungen in der Umwelt zu zeigen. Sein Anspruch an Aufmerksamkeit durch die Mutter äußerte sich nur sehr verhalten, und [redacted] konnte sich bei Bedürfnissen oder Ängsten, welche auftauchten, nicht äußern oder anklammern, sondern gab lediglich klägliche Laute von sich. Die Mimik und Gestik des Kindes erschien flach und wenig lebhaft.

Sie zieht den Vorhang etwas zur Seite, sieht nach unten.

Sie sieht: wie jemand im Sandkasten steht.

Sie sieht: wie die Person sich vorbeugt, mit den Händen abstützt, hinkniet, wie sie mit den Händen Sand aus dem Sandkasten schaufelt, ein Loch gräbt.

Sie sieht: wie die Person ihren Arm in das Loch steckt,

wie der Arm bis zur Schulter im Loch verschwindet,

wie die Person den Arm herauszieht,
den herausgeschaufelten Sand zurückschaufelt
und festklopft, mit den Händen,
und festtritt, mit den Füßen,
wie die Person sich zur Fassade des Hauses dreht,
wie die Person zu den Fenstern des Hauses sieht,
wie die Person sie ansieht,
wie die Person die Hand zur Faust ballt, in die Luft streckt,
wie sie sich umdreht,
wie sie vom Spielplatz geht, auf den Weg,
wie die Person vom Weg auf die Straße geht,
wie die Person verschwindet.

[redacted] Was eben passiert sei.

Das könne sie ihm nicht sagen. Er sei hineingegangen, und nach ein paar Schritten habe sie ihn nicht mehr sehen können. Nach einiger Zeit sei er dann angerannt gekommen und über das Gatter geklettert.

Er verstehe es nicht.

Sie könne ihm dabei nicht helfen.

Warum er hier sei. Warum man ihm den Schlüssel geschickt habe.

Das wisse sie nicht. Sie habe ihm den Schlüssel ja nicht geschickt. Ob nicht eher wichtig sei, was er hier wolle. Was wolle er eigentlich hier.

Wiederkommen. Alles noch einmal sehen. Er wolle sehen, was übrig sei, was noch da sei.

Das könne er tun. Er müsse nur, wie gesagt, aufpassen dabei, und er solle auch nicht zu lange bleiben. Er solle jetzt mitkommen. Eine Sache könne sie ihm noch zeigen.

Sie gehen zum Minigolfplatz. Sie leihen sich Bälle und Schläger.

Wann er das letzte Mal gespielt habe.

Er wisse es nicht. Es sei zu lange her.

Sie spielen. Sie spielen, und er erinnert sich an das erste Mal, dass er hier gewesen ist, das erste Mal überhaupt. Er ist zum Minigolfplatz gegangen, hat sich einen Schläger und einen Ball geliehen, bei einem Mann, der ihm erklärt hat, wie es funktioniert. Dann hat er angefangen. Er erinnert sich, dass die letzte Bahn ein röhrenförmiges Netz hatte, das durch mehrere Schnüre, die auf der einen Seite in die Maschen des Netzes, auf der anderen in die Maschen eines Drahtzauns geknotet waren, in der Luft aufgehängt war und in das man den Golfball schlagen musste, indem man ihn über eine kleine Rampe schoss und er über die Rampe durch die Luft ins Netz flog. Er stand lange davor und sah auf die Bahn. Dann holte er aus, schlug, und der Ball rollte über die Rampe, flog durch die Luft ins Netz. Er holte ihn heraus, gab alles zurück, ging nach Hause.

Du gehst ins Wohnzimmer Ja da ist es Darum musst du dich jetzt kümmern Darum D D Ddarum Alles andere ist jetzt egal

Du gehst ins Wohnzimmer Ja da ist es

Sie sind bei der letzten Bahn. Er schlägt, der Ball rollt über die Rampe, fliegt durch die Luft und ins Netz. Er holt ihn heraus, steckt ihn in die Hosentasche. Sie gehen zurück.

Die Cousine gibt ihren Schläger ab, den Notizblock, den Ball. Er gibt seinen Schläger ab, den Notizblock, holt den Ball aus seiner Hosentasche, umschließt ihn mit der rechten Hand. Er streckt den Arm zu dem Mann, der hinter dem Ausgabetresen steht, der Mann sieht ihn an, lächelt. Als er die Hand öffnet, den Handrücken nach unten, die Finger sich langsam vom Ball lösen und strecken, liegt der Ball einige Sekunden reglos in seinem Handteller. Der Mann sieht ihn an, lächelt. Dann fällt der Ball plötzlich durch die Hand, die Haut, das Fleisch, die Knochen, wie durch Luft. Er spürt nichts. Der Ball prallt auf die Gehwegplatten, er springt ein paarmal auf, bleibt dann liegen. In seiner rechten Hand ein golfballgroßes Loch, an den Innenseiten glatte Haut.

Er sieht nach unten. Der Ball liegt auf den Gehwegplatten. Er sieht durch das Loch.

Die Cousine hebt den Ball auf, gibt ihn ab.

Die Cousine nimmt ihn an der Hand. Er sieht durch das Loch.

Sie gehen.

Du gehst ins Wohnzimmer Ja da ist es Darum musst du dich jetzt kümmern Alles andere ist jetzt egal Alles andere muss jetzt warten Alles andere muss jetzt dahinter zurückstehen Es ist ganz klar glasklar sonnenklar Du weißt was du m m ma ma mama Mama was du mamachst Du weißt was du machst Du weißt es einfach Niemand soll es dir sagen Niemand Niemand Du weißt es einfach Die anderen haben keine Ahnung Die anderen sehen nicht die sehen nicht was Sache ist Die anderen sind blind Die anderen gehen auf den Dachboden und sehen nicht was Sache ist Die anderen sind blind blind Du nicht Du nicht Du bist nicht blind Du weißt was Sache ist Du wweißt wwweißt jetzt musst du dich um diese Sache kükümmern Das ist offensichtlich Das hat Priorität Du kannst nicht alles m m ma Mama mamachen Du kannst dich nicht um alles kü kü kükümmern P Pr Pri Prio Priorisieren musst du Es muss p pr pri prio priorisiert werden im Leben Im Leben muss priorisiert werden priorisiert pr pri priorisiert muss werden im Leben p pr priorisiert im Leben priorisiert im Leben im Leben W Ww Wa Ww Wahn Wann Ww Www Wahn Wann Wann Wann Ww Was Ww Was Was Was ist am Ww wichtigsten Das hier ist jetzt am Wwichtigsten am wichtigsten in deinem Leben Das musst du jetzt mamachen Darum musst du dich jetzt kükümmern in deinem Leben in deinem Le Le Leb Leber Leberfleck Le Leb Lebertran in deinem LeLebertran in deinem LeLeben in deinem Le in deinem Leben

Das habe sie gemeint. Er solle nicht zu lange bleiben. Es gebe hier einige Menschen, die ihm wohlgesinnt seien, aber letztlich könne ihn niemand von ihnen schützen. Das könne nur er selbst.

Wie. Und wovor denn.

Das wisse sie leider nicht. Sie sei nur hier, um ihm einige Dinge zu zeigen.

Ob sie ihm noch etwas zeigen könne.

Vielleicht. Das hänge davon ab, wie er sich weiter verhalte. Für heute sei es jedenfalls genug. Vielleicht also ein anderes Mal. Wenn er dann noch hier sei.

Er werde dann noch hier sein. Er werde hier sein, bis er alles gesehen habe.

Das Foto vom Strand zeigt eine Frau und einen Mann. Der Mann trägt ein ärmelloses neongrünes T-Shirt und wendet der Kamera den Rücken zu, er sitzt auf einem Stuhl, lehnt sich zurück, die Schulterblätter drücken gegen die Lehne. Über dem Rücken der Hals, der Hinterkopf, die schulterlangen hellbraunen Haare. Die Frau, dichte blonde Locken, sitzt auf dem Schoß des Mannes und greift in seine Haare, hält seinen Hinterkopf in der einen Hand, als zöge sie ihn gleich zu sich heran, die andere Hand seitlich auf seiner Schulter, eine selbst gedrehte, halb abgebrannte Zigarette zwischen Zeige- und Mittelfinger. Am unteren Rand des Fotos ihr Bein, angewinkelt, und ein Stück ihres Rocks. Die Frau presst das Bein in den Rücken des Mannes, umklammert ihn, wie mit einer Krebsschere, das andere Bein ist nicht zu sehen. Die Frau auf dem Schoß des Mannes, der Mann weit nach hinten gelehnt, sie sehen sich an, die Wangen der Frau leicht gerötet, die Lippen leicht geöffnet, die Mundwinkel leicht nach oben gezogen, die Augen halb geschlossen, doch offen, blickt sie den Mann an,

Was mamacht der Mann denn da Was läuft der denn da so rum Was hat der da Was macht das Kind denn da Das K KiKind dieses D D Di Di dieses DiDing dieses Ding Ding

als würde sie noch einen Moment warten, wie ein Raubtier vorm Sprung, bevor sie ihn küsst, bevor sie über ihn herfällt, ihn verschlingt. Im Hintergrund des Fotos gleißt das Sonnenlicht übers Meer, davor blendend heller Sand, in der Ferne das Wasser unter den Wellenkämmen etc.

Er notiert:

dass er in der rechten Hand jetzt ein Loch habe
dass er nur Teile von ihr zu Gesicht bekommen werde
dass viele Teile ein Bild ergeben könnten
dass er ansonsten noch die linke Hand habe
etc.

Sie stehen auf dem Plateau, inmitten der Menschen. Die Cousine hält ihn weiter an der Hand.

Er hört und sieht die Lenkdrachen.

Er hört, wie der Wind an den Segelflächen rüttelt,

und sieht, wie diese sich wellen,

er hört, wie die Drachen durch die Luft surren,

und sieht, wie der Wind in sie drückt, die Segelflächen sich spannen, die Drachen bogenförmige Bahnen am Himmel beschreiben und manche Bahnen liegende Achten bilden,

er hört, wie die Menschen einander zurufen,

und er sieht, wie die Hände sich um die Lenkgriffe schließen, die Griffe zu sich heranziehen, die Arme entweder locker lassen oder sich anspannen, wie die Körper sich gegen die Kraft der Drachen nach hinten lehnen.

Sie bleiben, bis es dunkel wird.

[redacted] Sie schiebt den Vorhang zurück vors Fenster. Der weiße Stoff hängt träge herab.

Sie steht davor, bleibt so stehen.

Dann dreht sie sich um.

Sie geht durchs Wohnzimmer, stellt sich an die Schwelle zum Flur.

Sie sieht nach rechts. Am Ende des Flurs die Eingangstür.

Sie sieht nach vorn, auf die ihr gegenüberliegende Wand. Neben der Eingangstür der Zugang zum Badezimmer, die weißen Kacheln, grauen Fugen, die in den Raum hinein geöffnete Tür. Neben dem Bad, ihr beinahe direkt gegenüber, die Küche. Ein schmaler Raum, auch dort weiße Kacheln, graue Fugen, links an der Wand ein Tisch, rechts die Küchenzeile, Kühlschrank, Backofen, Herd, eine Arbeitsplatte aus weißem PVC, gegenüber der Tür ein Fenster, durch das man die schmutzige beige Fassade des Hauses gegenüber sieht, die zugezogenen Vorhänge hinter den Fenstern.

Sie sieht nach links. Am anderen Ende des Flurs das Schlafzimmer. Die Tür ist geschlossen.

Die Mutter meiner Freundin ist zu Besuch. Es ist Sommer und schön, dass sie da ist. Wir fahren raus aus der Stadt, in die Natur, spazieren am Fluss entlang, durch den Wald, über eine Lichtung, und strahlend blauer Himmel und die Sonne ganz warm auf der Haut. Wir fahren an den See, liegen auf Decken und lesen, und abends schauen wir Filme, spielen Spiele, gehen essen, die Mutter meiner Freundin lädt uns ein. Als sie einige Tage später wieder fahren muss, wir stehen im Flur, verabschieden uns, beginnt sie auf einmal zu weinen, meine

Freundin und sie umarmen sich, und sie sagt meiner Freundin, dass sie gut auf sich aufpassen solle. Meine Freundin beginnt auch zu weinen, und sie liegen sich einige Sekunden lang schluchzend in den Armen, ich stehe daneben. Dann lassen sie los, und ich umarme die Mutter meiner Freundin und sage: Bis bald. Sie sagt: Danke, dass ich kommen darf. Ich sage: Ja, klar, du kannst immer kommen. Mach's gut. Sie sagt: Du auch. Dann öffnet sie die Tür, geht aus der Wohnung, meine Freundin mit ihr, sie bringt sie noch nach unten. Ich sehe ihnen kurz nach, wie sie durch das Treppenhaus gehen, dann schließe ich die Tür.

Sie tritt in den Flur, dreht sich zum Schlafzimmer, geht zur Tür, öffnet sie. Die Tür schwingt lautlos nach innen.

Der Raum ist abgedunkelt, das Fenster durch eine Jalousie verdeckt. Aus dem Flur fällt etwas Tageslicht hinein.

Sie bleibt so stehen, stützt sich am Türrahmen ab.

An der linken Wand des Zimmers ein Kleiderschrank, davor ein Zwei-Personen-Bett, das mit dem Kopfende an der rechten Wand steht. Im Bett sitzt, halb durch das hereindringende Licht erhellt, halb im Dunkel des Zimmers, die Arme vor sich auf der Decke abgelegt, das Kind.

Tirtza, 57, Mutter zweier Kinder und Großmutter, kann sich laut Orna Donath nicht daran erinnern, darüber nachgedacht zu haben, ob sie Mutter werden wollte oder nicht. Der Übergang in die Mutterschaft sei eine Art »natürlicher« Schritt nach der Heirat gewesen. Auf die Frage, ob sie auf der Grundlage ihres heutigen Wissens und ihrer heutigen Erfahrung noch einmal Mutter werden würde, antwortet sie: »Jedes Mal wenn ich mit meinen Freunden spreche, sage ich ihnen, dass ich, hätte ich die Einsichten und das Wissen, das ich heute habe, nicht einmal ein Viertel von einem Kind in die Welt gesetzt hätte. Das, was am schmerzhaftesten für mich ist, ist, dass ich nicht in der Zeit zurückgehen kann. Unmöglich. Unmöglich, es wiedergutzumachen.«

Sie steht im Eingang zum Schlafzimmer. Das Kind sieht sie an.

Wer das gewesen sei.

Niemand. Was es meine.

Es habe es klingeln gehört. Und dann habe sie mit jemandem geredet.

Es habe nicht geklingelt, und sie habe mit niemandem geredet. Mit wem sie denn habe reden sollen. Es komme doch nie jemand hierher.

Aber es habe sie reden gehört.

Es solle aufhören. Wenn es nicht aufhöre, mache sie die Tür zu und gehe.

Nein. Es habe sich geirrt. Da sei niemand gewesen. Es entschuldige sich dafür, dass es so oft von Dingen rede, die nicht existierten.

Sie nickt.

Ja. Es rede oft von Dingen, die nicht existierten. Aber es sei in Ordnung jetzt. Es sei gut, dass es sich entschuldigt habe.

Das Kind senkt den Kopf, sieht auf seine Hände. Die Hände liegen auf der Decke, die Handflächen nach oben.

Es habe einen Fehler gemacht. Aber es sei froh, dass alles wieder in Ordnung sei. Ob sie jetzt hereinkomme. Es habe auf sie gewartet.

Ja. Sie komme gleich.

Sie steht im Eingang zum Schlafzimmer, sieht das Kind an.

Auf die Frage, wann ihr klar geworden sei, dass sie es bereue, Mutter geworden zu sein, antwortet Tirtza: »Ich glaube, das war in den ersten Wochen nach der Geburt. Ich habe gesagt: ›Das ist eine Katastrophe. Eine Katastrophe.‹ Ich habe sofort gemerkt, dass das nichts für mich ist. Und nicht nur, dass es nichts für mich ist, es ist der Albtraum meines Lebens.« Sie fährt fort: »Ich hatte kein Interesse daran, Mutter zu sein. Für mich war das *anormal.* Selbst dieses Konzept, dass ein Kind ›Mama‹ zu mir sagt. *Bis heute.* Ich sehe mich um, um zu sehen, wer mich ruft, welche Mutter das betrifft.«

Sie tritt ins Schlafzimmer, schließt die Tür, es klickt.

Sie geht einige Schritte nach vorn.

Sie dreht sich um, sieht zur Tür. Unten, durch den Spalt, dringt etwas Licht.

Mit dem Fuß ertastet sie eine vor ihr liegende Rolle und schiebt sie in Richtung Tür. Der Stoff reibt leise über den Teppichboden. Sie kniet sich hin, schiebt die Rolle mit beiden Händen weiter, drückt sie gegen das Holz, klopft dagegen, gegen das eine Ende, gegen das andere, in die Mitte. Dann steht sie auf, dreht sich um.

Sie schließt die Augen. Sie sieht nichts.

Sie öffnet die Augen. Sie sieht nichts.

Der Raum ist vollkommen dunkel.

Sie dreht sich nach rechts, geht nach vorn. Nach ein paar Schritten dreht sie sich nach links, geht einen Schritt nach vorn, beugt sich vor, berührt mit der Hand die Bettkante, setzt sich auf das Bett.

Sie hebt die Decke. Dann hebt sie die Beine. Sie legt die Beine unter die Decke und lässt die Decke los. Sie legt den Kopf auf das Kissen.

Sie hört das Kind atmen. Das Kind atmet gleichmäßig und leise.

Sie sieht nach oben zur Decke. Sie sieht nichts.

Sie sei ja jetzt da.

Ja. Sie sei ja jetzt da.

Aber jeder von ihnen habe seine eigene Seite. Es solle nicht herüberkommen. Wenigstens dieses Mal solle es nicht herüberkommen. Es solle jetzt schlafen.

Ja. Es wisse, dass es nicht herüberkommen dürfe. Es werde dieses Mal nicht herüberkommen. Es werde jetzt schlafen.

So lässt sich zusammenfassend trotz einer zuverlässigen Versorgung [redacted]s soziale und psychische Entwicklung nicht als befriedigend beurteilen. Der Junge muss in dieser Hinsicht noch erheblich gefördert werden. Unter den derzeitigen Lebensbedingungen sind seine Verhaltensbesonderheiten von der psychischen Problematik und Lebensweise Frau [redacted]s nicht zu trennen. Der Junge selbst wird in einigen Jahren psychische Störungen entwickeln und deutliche Entwicklungsdefizite aufweisen, wenn er in einer abgekapselten, nicht der Norm entsprechenden Welt der Mutter verbleibt.

»Wohin, Hans?« »Zur Gretel, Mutter.« »Mach's gut, Hans.« »Schon gut machen. Adies, Mutter.« »Adies, Hans.«

Hans kommt zur Gretel. »Guten Tag, Gretel.« »Guten Tag, Hans. Was bringst du Gutes?« »Bring nichts, gegeben han.« Gretel schenkt dem Hans ein Stück Speck. »Adies, Gretel.« »Adies, Hans.«

Hans nimmt den Speck, bindet ihn an ein Seil und schleift's hinter sich her. Die Hunde kommen und fressen den Speck ab. Wie er nach Haus kommt, hat er das Seil an der Hand, und ist nichts mehr daran. »Guten Abend, Mutter.« »Guten Abend, Hans. Wo bist du gewesen?« »Bei der Gretel gewesen.« »Was hast du ihr gebracht?« »Nichts gebracht, gegeben hat.« »Was hat dir Gretel gegeben?« »Stück Speck gegeben.« »Wo hast du den Speck, Hans?« »Ans Seil gebunden, heimgeführt, Hunde weggeholt.« »Das hast du dumm gemacht, Hans, musstest den Speck auf dem Kopf tragen.« »Tut nichts, besser machen.«

»Wohin, Hans?« »Zur Gretel, Mutter.« »Mach's gut, Hans.« »Schon gut machen. Adies, Mutter.« »Adies, Hans.«

Hans kommt zur Gretel. »Guten Tag, Gretel.« »Guten Tag, Hans. Was bringst du Gutes?« »Bring nichts, gegeben han.« Gretel schenkt dem Hans ein Kalb. »Adies, Gretel.« »Adies, Hans.«

Hans nimmt das Kalb, setzt es auf den Kopf, und das Kalb zertritt ihm das Gesicht.

Ob es draußen noch hell sei. Es habe Licht gesehen.

Warum es das wissen wolle.

Manchmal sei es hell, wenn sie schlafen gingen, und manchmal dunkel. Das verstehe es nicht.

Da gebe es nichts zu verstehen. Hier im Raum sei es dunkel, oder. Es solle jetzt schlafen.

Es verstehe. Es tue ihm leid, dass es gefragt habe. Es werde nicht mehr fragen. Es werde jetzt schlafen. Gute Nacht.

Gute Nacht.

ABER LEGEN SIE NICHT MEHR AUF, LEBEN SIE NICHT
MEHR AUF
SIE WERDEN
BEREITS GERICHTLICH VERFOLGT

SIE KRÜPPEL, SIE GOTTLOSER, SIE GOTTVERDAMMTER UND GOTTLOSER
DANKEN SIE GOTT, DASS SIE LEBEN, SIE HABEN KEINE
EINZIGE CHANCE MEHR
SIE SIND EIN BASTARD, ES IST AUS MIT IHNEN

Ich bin vielleicht neun Jahre alt und liege auf dem beigen Sofa im Wohnzimmer meines Großvaters, er sitzt im Sessel neben mir. Es ist Vormittag, wir sind noch nicht lange wach, ich bin noch im Schlafanzug. Auf dem niedrigen Tisch vor mir ein Teller mit einem Honigbrot ohne Rinde, das in kleine Quadrate geschnitten ist und das ich langsam esse, an der Wand vor uns der große, hell erleuchtete Fernseher. Mein Großvater drückt auf die Fernbedienung und stellt den Apparat leiser, es läuft gerade Werbung. Ich drehe mich zu ihm und frage, ob meine Mutter und er sich eigentlich noch manchmal sehen würden, sie habe noch meinen Gameboy und so viele Gameboy-Spiele von mir, die hätte ich gern. Mein Großvater sieht mich an und sagt, dass sie vor einiger Zeit kurz telefoniert hätten, dass sie ihn im Moment aber leider nicht treffen wolle. Er hoffe, das werde sich bald ändern, dann könne er auch nach dem Gameboy und den Spielen fragen. Ich gebe mich damit zufrieden, und wir sehen weiter fern: ein Western mit John Wayne, *Kabel 1*.

Sie schließt die Augen, dreht sich zur Seite.
Das Kind wälzt sich eine Zeit lang hin und her.
Sie spürt die leichten Erschütterungen der Matratze.
Dann hört es auf.
Sie liegt mit geschlossenen Augen im Bett.
Es ist vollkommen dunkel und vollkommen still.

[redacted] Das Familiengericht am Amtsgericht [redacted] beschloss am [redacted], ein psychologisches Gutachten einzuholen zu der Frage, ob ein intensiver Besuchskontakt zwischen Mutter und Kind über die jetzt eingehaltenen Zeiten hinaus dem Kindeswohl förderlich sei. Auf das am [redacted] datierte familienpsychologische Gutachten des Unterzeichners wird verwiesen. Darin war nach eingeschränkt durchgeführten Explorationen empfohlen worden, Maßnahmen zum Schutz des Kindeswohls einzuleiten. Am [redacted] war Frau [redacted] das Aufenthaltsbestimmungsrecht für [redacted] entzogen sowie eine Umgangsregelung für Herrn [redacted] eingerichtet worden.

Herr [redacted] vom Jugendamt [redacted] berichtete von den ersten beiden Besuchskontakten in der Kindertagesstätte, nach welchen Frau [redacted] weitere Besuche ablehnte. Die Hinweise auf das Vorliegen einer Psychose bei Frau [redacted] verstärkten sich und führten schließlich zur Einweisung in die Psychiatrie nach PsychKG

Dieses Gesetz regelt:

die Hilfen für psychisch Kranke,

die Anordnung von Maßnahmen
durch das Gesundheitsamt,

die Unterbringung von Personen, die
an einer Psychose,
einer psychischen Störung,

die in ihrer Auswirkung einer Psychose gleichkommt,
einer Suchtkrankheit oder an Schwachsinn
leiden
und dadurch
sich selbst oder die Allgemeinheit
erheblich gefährden.

Unterbringung
im Sinne dieses Gesetzes
liegt vor, wenn
eine Person gegen ihren Willen
oder
im Zustand der Willenlosigkeit
in ein abgeschlossenes
psychiatrisches Krankenhaus,
einen abgeschlossenen
Teil eines Krankenhauses
oder einer Entziehungsanstalt
eingewiesen wird und dort verbleibt.

Die Kosten
einer nach diesem Gesetz durchgeführten Unterbringung
in einem Krankenhaus oder einer Anstalt
trägt der Untergebrachte,

soweit sie nicht
einem Unterhaltspflichtigen,
einem Träger der Sozialversicherung,
einem Träger der Sozialhilfe
oder einem anderen
zur Last fallen.

mit gleichzeitiger Herausnahme des Kindes. Am [redacted] entzog das Amtsgericht [redacted] der Mutter das Sorgerecht und übertrug es der Stadt [redacted] als Vormund. Das Kind wurde bei seinem Vater untergebracht.

Besuche zwischen Mutter und Kind begannen am [redacted] (einen Tag vor dem dritten Geburtstag von [redacted]). Es folgten in wöchentlichem Abstand jeweils einstündige Besuchskontakte zunächst in den Räumen des Jugendamts, später in der Kindertagesstätte. Ab Januar wurde dieser Umfang auf vierstündige Besuchszeiten im Milieu der Mutter erweitert.

Am [redacted] beantragte Frau [redacted] eine Umgangsregelung in Form von Besuchswochenenden von samstags 9.00 bis sonntags 18.00 Uhr. Die Sozialarbeiter [redacted] und [redacted] wiesen jedoch darauf hin, dass es bisher auch gelegentlich Beunruhigungssymptome bei dem Kleinkind im Anschluss an Besuche gegeben habe und die Erweiterung nur unter Berücksichtigung der Belastbarkeit des Kindes stattfinden solle. Die Kindesmutter und ihre Eltern warfen dem Jugendamt wie dem Kindesvater vor, die Mutterbeziehung des Kindes einzuschränken. Daraufhin wurde ein weiteres psychologisches Gutachten in Auftrag gegeben.

ABER DAS HATTEN WIR DOCH SCHON

FREUEN SIE SICH DRAN
GEILEN SIE SICH NUR AUF, SIE AFFE

V

[redacted] Er steht auf dem Gehsteig.

Links neben ihm die Straße, rechts neben ihm ein asphaltierter Weg. Er dreht sich nach rechts, sieht nach vorn. Am Ende des Wegs, nach etwa fünfzig Metern, ein Spielplatz. Er sieht eine große Fläche Sand. Der Weg ist von Bäumen gesäumt, liegt in ihrem Schatten, links drei Mehrfamilienhäuser, je drei Stockwerke, auf den Fassaden ein körniger anthrazitgrauer Putz, davor ein schmaler Zugang, Gehwegplatten, je zwei rechteckige Beete.

Er geht zu dem mittleren Haus.

Was macht Was ma Was ma ma ma mama ma was ma ma Was mamacht das Kind denn da Dieses Di dieses DiDing Was macht Was mamacht der ma mama MaMann denn da dieser sch schl schlechte sch schl schle schlech schlechte schlechteste Kerl dieses schlechteste SchSchauspiel Was Was Wwas Wwas Was Was Was versperrt der Mann denn da den Weg Was versperrt das Kind denn da den Weg Die sollen weggehen verschwinden weg abhauen abschwirren sollen die weg weg Du musst dich jetzt darum kümmern Kükümmern musst du dich Das ist ganz klar glasklar sonnenklar dass du dich kümmern kükümmern musst denn du weißt es jetzt Du w wweißt

Du wirst abgehört

Er steht im Hauseingang, klingelt.

Eine Stimme.

Wer da sei.

Er sagt seinen Namen.

Er solle hochkommen. Es gebe Essen.

Er hört es summen und drückt die Tür auf. Er geht ins Treppenhaus, schwarze, marmorierte Fliesen, ein Treppengeländer mit beiger Verschalung, im Erdgeschoss die Türen zweier Wohnungen, davor braune Fußmatten. Er setzt einen Fuß vor den anderen, es hallt.

Er geht in den ersten Stock, die Türen zweier Wohnungen, braune Fußmatten.

Er geht in den zweiten Stock, es hallt, zwei Türen, die linke ist geöffnet. Dort steht der Großvater.

Er sei weit gekommen. Bis hierher.

Ja.

Er zieht seine Schuhe aus und stellt sie neben die Tür.

Er richtet sich auf. Der Großvater gibt ihm die Hand.

Sie sehen sich an.

Sie gehen in die Wohnung.

Der Großvater schließt die Tür. Er hört es leise klicken.

Ein paar Wochen nach dem Besuch bei meinem Onkel erhalte ich Post von ihm. Ein brauner Umschlag, darin einige Fotos: meine Mutter, mein Großvater, meine Großmutter, außerdem einige andere Verwandte, von denen ich noch nie gehört habe, auf der Rückseite alles genau beschriftet. Danach schreiben wir noch einige Mails und sehen uns für einen Nachmittag, als mein Onkel für ein verlängertes Wochenende in der Stadt ist, im Frühling. Wir sitzen in unserer kleinen Küche, Kaffee, Kuchen, und gehen dann noch kurz in unserem Viertel spazieren, vorbei an Cafés, Eisdielen, Restaurants, unserem Lieblingsbäcker, dazwischen ein paar Geschäfte mit Kinderwagen, Holzspielzeug und Kinderkleidung, eine Buchhandlung, ein Yogastudio, ein Ayurveda-Zentrum. Die Sonne scheint, die Menschen um uns herum sind gut gelaunt, und mein Onkel sagt, wie schön es hier sei, und wir, meine Freundin und ich, stimmen ihm zu. Dann begleiten wir ihn zur Bushaltestelle, mein Onkel steigt ein, wir winken und gehen nach Hause, und ein paar Minuten später zeige ich meiner Freundin die Fotos, die mein Onkel von unserem Treffen gemacht und mir gerade auf mein Smartphone geschickt hat.

Zu Weihnachten schreibe ich meinem Onkel eine Postkarte, meine Freundin und ich wünschen ihm und seiner Familie ein frohes Fest, einen guten Rutsch, und dann schreibe ich, dass ich es dieses Jahr leider nicht schaffe, sie an den Weihnachtstagen zu besuchen. Dann bricht der Kontakt ab.

[redacted] Sie steht vor einer Tür. Die Tür ist aus Glas und schwarzem Metall, eine große Flügeltür. Hinter ihr ein Parkplatz, Bäume, Laub. Unter ihr graue Pflastersteine. Die Geräusche der ein- und ausparkenden Pkw, die Geräusche von Fahrzeugtüren, die geöffnet oder geschlossen werden, und die Geräusche von Menschen, die über die Pflastersteine gehen, sich unterhalten. Der Wind in den Blättern ist kaum zu hören. Es ist später Nachmittag. Die Sonne scheint ihr in den Rücken.

Vor ihr, hinter der Tür, stehen ein Kind und ein Mann. Die Hand des Mannes liegt auf einer kantigen Metallstange, die etwa in der Mitte der Tür angebracht ist. Sie sieht durch das Glas: Der Mann steht seitlich vor ihr, er sieht nach unten, auf das Kind. Das Kind steht ihm gegenüber, sieht hoch.

Hinter dem Mann und dem Kind gehen Personen durch das Gebäude. Am Boden graues Linoleum, hier und da kleinere Teppiche, eine rote Plastikrutsche, Legosteine, Spielzeugautos etc. An der Rückwand des Gebäudes eine Fensterfront, dahinter der Innenhof, im Innenhof ein großer, mit Stein eingefasster Sandkasten.

Der Mann hebt die Hand von der Metallstange, legt sie auf die Schulter des Kindes.

Das Kind sieht zu dem Mann hoch.

Frau [redacted] bewohnt weiterhin ihre Zweieinhalbzimmerwohnung in [redacted], welche mit einem Doppelbett im Schlafzimmer auch [redacted] einen Schlafplatz für Übernachtungen bietet. Seit dem [redacted] ist sie ganztägig als Bürokraft beim [redacted] beschäftigt. Die Wohnungen der Kindeseltern sind nur einen kurzen Fußweg voneinander entfernt. Frau [redacted] nahm nunmehr eine aufgeschlossene Einstellung zum Explorationsgespräch ein. Als Diagnose hinsichtlich ihrer psychotischen Erkrankung mit sechsmonatiger stationärer Behandlung galt »endogene Psychose«. Frau [redacted] erhielt noch eine kurze ambulante Nachbetreuung und wird inzwischen lediglich medikamentös versorgt. Frau [redacted] führt heute ein eigenständiges Leben, und es haben sich äußerlich keine Probleme herausgestellt. Allerdings wird von Seiten des Jugendamts kritisch beobachtet, inwieweit vorhandene leichte Verhaltensauffälligkeiten das Kind in seiner Entwicklung irritieren.

Wir fahren in den Urlaub. Die Landschaft zieht an uns vorbei, drei Spuren beinahe nur für uns, meine Freundin jagt ihren blauen VW Polo über den Asphalt. Wir haben frei, endlich. Wir fahren nach Dänemark, in ein kleines, gemütliches Ferienhaus, und hören Musik, laut, das *Best of* von Herbert Grönemeyer. Beim nächsten Song, *Demo (Letzter Tag)*, den wir beide fast auswendig kennen und den wir, aufgrund seines, wie wir finden, hoffnungslos überzuckerten Textes, sensationell witzig finden, drehe ich die Lautstärke weiter hoch. Wir grölen mit: *Weiß man, wie oft ein Herz brechen kann? Wie viel Sinne hat der Wahn? Lohnen sich Gefühle? Wie viele Tränen passen in einen Kanal? Leben wir noch mal? Warum wacht man auf? Was heilt die Zeit?* Wir lachen. Wir fahren mit hundertfünfzig Stundenkilometern über die nahezu leere Autobahn, meine Freundin fährt gern schnell, und grölen Herbert Grönemeyers vollkommen ernst gemeinten, existenziellen Text mit der ganzen Kraft und Lautstärke mit, die wir unserem durchironisierten Pathos abringen können. Wir hören nur dann auf, wenn wir momentweise den Text nicht mehr kennen oder sich unsere Stimmen vor Lachen überschlagen.

Dass es sie nicht länger sehen müsse, wenn es nicht wolle. Dass er das in die Wege leiten könne. Dass es sie nicht länger besuchen müsse.

Das Kind sieht zu dem Mann hoch.

Es müsse jetzt nichts dazu sagen. Aber es solle darüber nachdenken. Wenn es von ihr wiederkomme, sei es immer so abwesend, irgendwie nicht richtig da, und es weine oft oder werde plötzlich wütend. Ob es das bemerkt habe.

Das Kind sieht den Mann an.

Das Kind sieht den Mann an.

Das Kind sieht zu Boden.

Das Kind hebt den Blick.

Es nickt.

Ja, es wolle sie nicht länger sehen.

Gut. Dann werde er alles in die Wege leiten. Schön. Er freue sich, dass es so entschieden habe.

Der Mann beugt sich zu dem Kind und nimmt es in den Arm.

Das Kind drückt die Arme fest um den Körper des Mannes.

Das Kind löst sich wieder.

Es habe eine Frage.

Das Kind dreht sich zur Tür. Der Mann dreht sich zur Tür.

Sie steht hinter der Tür. Sie sieht den Mann und das Kind an.

Das Kind zeigt mit dem Finger auf sie.

Du wirst abgehört

BETREFF: Re: BAföG

Meine Mutter schreibt mir. Sie schreibt, dass sie mein Formular erhalten habe. Sie schreibt weiter, dass sie nun noch meine Förderungsnummer beziehungsweise den genauen Studiengang sowie die Adresse des BAföG-Amtes benötige. *Liebe Grüße deine Mama.*

Frau [redacted] wirkt auf alle Beteiligten bisher sehr zurückhaltend. Bei Besuchskontakten im Kindergarten wirkte sie zeitweilig unbeteiligt und abwesend, gilt auf ihrer Arbeitsstelle als extrem schweigsam, und Mitarbeiter des Jugendamts und Gesundheitsamts hatten den Eindruck, keinen echten Zugang zu ihr finden zu können. Im Explorationsgespräch deutete sich zwar bereits emotionale Mitschwingungsfähigkeit an, allerdings offenbarte Frau [redacted] nur zeitweise offenen Gesichtsausdruck bezüglich [redacted] und eigenes Mitdenken. In anderen Phasen wirkte sie vom Gesichtsausdruck her starr, im Empfinden unberührt und wenig emotional beteiligt. Auch setzt sich Frau [redacted] nicht annähernd in einem Maße für die Erweiterung der Besuchszeit ein, wie es ihr Schriftsatz vom [redacted] und die Schriftsätze ihrer Eltern erwarten lassen würden, vorausgesetzt, dass ein dringender Wunsch nach Besuchserweiterung besteht.

Das Kind zeigt mit dem Finger auf sie.

Wer diese Person sei.

Wichtig sei, dass es sich entschieden habe.

Das Kind drückt das Gesicht an das Glas der Tür.

Jetzt erkenne es sie. Aber sie sei ja fast gar nicht zu sehen. Wie das sein könne.

Der Mann fasst das Kind an der Schulter, zieht es leicht von der Tür weg, sieht es an.

Das sei nicht wichtig, nicht mehr. Es habe sich entschieden. Es solle jetzt mit ihm kommen. Sie müssten nach Hause.

Das Kind sieht den Mann an, nickt.

Der Mann nimmt das Kind an der Hand, stößt die Tür auf.

Die Tür schwingt durch ihren Körper wie durch Luft.

Sie bleibt so stehen.

Letztendlich kann Frau [redacted] ihre Argumente für eine Erweiterung von Besuchen nicht in einer Form geordnet vorbringen, welche eigenes Nachdenken und Auseinandersetzen zeigt. Sie widerspricht sich, wenn sie beschreibt, dass [redacted] sich nun nicht mehr an sie gewöhnen müsse und bei jedem Wiedersehen die dazwischenliegende Trennung kaum noch wahrzunehmen sei, und in anderem Zusammenhang sich beklagt, dass sie zu ihrem Sohn erst schwer durchdringe, er sich ihr gegenüber gefühlsarm verhalte und kein echter Kontakt da sei, bis man sich aneinander gewöhnt habe. Faktisch lassen sich beim Mutter-Kind-Kontakt noch erhebliche Auffälligkeiten beobachten.

Der Mann und das Kind gehen auf den Parkplatz.

Sie spürt eine leichte Berührung, als das Kind durch ihren Körper läuft, so als streiche es mit der Hand über ihren Arm oder ihre Wange.

Sie hört Schritte auf den Pflastersteinen, hört, wie die Tür eines Pkw sich öffnet, wieder ins Schloss fällt, wie eine zweite Tür sich öffnet, wieder zufällt, wie der Pkw losfährt.

Sie bleibt so stehen.

In ihrem Rücken die Sonne.

Sie bleibt so stehen.

Von Zeit zu Zeit öffnen Menschen die Tür und gehen durch ihren Körper hindurch auf den Parkplatz.

Sie bleibt so stehen.

In ihrem Rücken die Sonne.

Dann streckt sie ihren Arm, legt ihre Hand auf die Metallstange, die wie eine lange, perfekt ausbalancierte Wasserwaage etwa in Hüfthöhe an der Tür angebracht ist, und zieht.

Dann geht sie hinein, lässt die Tür hinter sich zufallen.

[redacted] Es gebe Essen. Die Großmutter habe gekocht. Sie hätten zwar schon gegessen, aber für ihn sei noch ein Teller übrig. Die Großmutter sei nun in ihrem Zimmer. Ob er ihr Hallo sagen wolle.

Ja.

Sie stehen im Flur. Auf der rechten Seite die Türen zweier Zimmer, am Ende des Flurs, die Tür steht offen, das Wohnzimmer, daneben eine weitere Tür. Der Flur ist schmal. Links neben ihnen die Küche.

Die Großmutter sei rechts, im ersten Zimmer.

Ja.

Er solle ihr erst Hallo sagen. Dann könnten sie sprechen. Er warte in der Küche.

Ja.

Ich muss an eine alte Schulfreundin denken. Ihre Mutter und ihr Bruder sterben bei einem Autounfall, als sie sechs Jahre alt ist. Sie kommt zu Pflegeeltern, und ich lerne sie, in der fünften Klasse, als einen lebensfrohen Menschen kennen, sie lacht viel und macht, was sie will. So kommt es mir jedenfalls vor. Als ich dreizehn oder vierzehn bin, sind wir für ungefähr zwei Wochen zusammen. Bei unserem zweiten oder dritten Treffen bin ich bei ihr zu Hause, wir passen auf die Kinder ihrer Pflegeeltern auf, ich halte ihre Hand, sie hält meine Hand, wir wissen nicht recht, was wir miteinander machen sollen, und irgendwann muss ich gehen. Ich erinnere mich noch daran, dass ihre Hand warm war und schwitzig und meine kalt. Eine Woche später trennt sie sich von mir. Als ich sechzehn bin, stehlen wir uns von einer Party, wir küssen uns und ziehen uns am Rand eines Maisfelds halb nackt aus. Ich bin schüchtern, zögere, als ich ihr den Pullover abstreifen will, sie zögert kein bisschen.

Sie ist achtzehn, ich bin neunzehn Jahre alt, als wir in derselben Stadt zu studieren beginnen, und als wir ein halbes Jahr dort sind, erzählt sie mir, dass sie ihren leiblichen Vater, der auch in der Stadt wohnt, getroffen habe. Ich weiß nicht genau, was danach daraus wird, ich glaube, es klappt nicht. Einige Jahre später, mit Mitte zwanzig, ich studiere mittlerweile in einer anderen Stadt, wir haben nur noch losen Kontakt, bringt sie sich um, indem sie sich mit Gewichten beschwert von einer Brücke in den Fluss stürzt. Man findet sie einige Tage später am Ufer, angeschwemmt. Ich fahre zur Beerdigung nach Hause, und in der Kirche ist es ihr Pflegevater, der den Sarg, den ihre beiden Schwestern, seine Kinder, bemalt haben, mit einigen anderen Männern durch den Kirchgang ins Freie trägt und dabei so laut schluchzt, dass es aussieht, als würde er schreien. Ihr Grab liegt neben dem ihres Bruders und dem ihrer Mutter. Wir werfen Blumen hinein und Erde.

Er öffnet die Tür des ersten Zimmers, geht hinein, schließt sie.

Die Großmutter steht hinten am Fenster, sieht hindurch. Das Fenster ist frisch geputzt, vollkommen sauber und klar. Gegenüber sieht er, in einiger Entfernung, die Fassaden von Mehrfamilienhäusern, davor eine Wiese.

Das Zimmer ist schmal. Auf der linken Seite ein Klavier, mittig, helles Holz, ein paar Notenblätter, daneben Regale, darüber Regalbretter, überall Bücher. Die rechte Seite ist, bis auf einen kleinen niedrigen Schreibtisch, leer. Von der Tür bis zum Fenster sind es etwa drei Meter.

Er bleibt kurz hinter der Tür stehen und sieht auf die Großmutter.

Die Großmutter schnauft. Er sieht, wie sich ihre Beine auf und ab bewegen: Sie geht auf der Stelle. Mit dem Rücken zu ihm geht sie auf der Stelle, die Hüfte drückt gegen das Fensterbrett, ihre Arme hängen wie lose herab, sie sieht aus dem Fenster. Draußen scheint die Sonne, kaum Wolken. Die Großmutter schnauft, ganz gleichmäßig.

Er geht zu ihr, stellt sich hinter sie.

Die Großmutter geht auf der Stelle.

Er wolle ihr nur kurz Hallo sagen.

Er fasst sie mit der Hand an der Schulter.

Er fasst sie mit beiden Händen an den Schultern, hält sie fest.

Die Großmutter geht auf der Stelle. Er sieht ihr ins Gesicht. Lippen- und Mundbewegungen, wenn sie schnauft. Den Kopf zu Boden gerichtet. Rissige Haut, wie ein getrocknetes Blatt. Zerfaserte, farblose Haare, die Augen halb geschlossen, glasig, glänzend. Er sieht ihr in die Augen: in jedem Auge ein Fensterrahmen und ein Fenster, dahinter Mehrfamilienhäuser, eine Wiese, Tageslicht. Er hält die Großmutter weiter an den Schultern, dreht sie um.

Die Großmutter geht auf der Stelle, leicht vorgebeugt, ihr Oberkörper drückt gegen seinen Brustkorb, seine Schultern.

Er tritt zur Seite.

Die Großmutter geht durchs Zimmer, in kleinen Schritten, bis zur Tür. Sie schnauft. Ihr Kopf lehnt an der Tür, die Beine bewegen sich auf und ab.

Er geht durch das Zimmer, fasst sie an den Schultern, dreht sie um, tritt zur Seite. Die Großmutter geht zum Fenster.

Er öffnet die Tür, geht hinaus, schließt die Tür hinter sich.

[redacted] Ja. Er könne ihm sagen, wie er zum Haus des Großvaters komme.

Der Onkel sitzt in einem niedrigen Sessel, ihm gegenüber. Der Onkel sieht ihn an. Dann gibt er etwas Kaffeeweißer in seine Tasse, hebt sie an die Lippen.

Er könne ihm sagen, wo er wohne. Er könne ihn sogar hinfahren.

Er wolle es nur wissen.

Der Onkel nickt.

[redacted] Er habe ihr Hallo gesagt.

Das sei gut. Ob er jetzt etwas essen wolle. Die Großmutter habe gekocht.

Ja.

Der Großvater steht auf.

Er bleibt am Küchentisch sitzen. Der Küchentisch ist aus Pressspan, dünne Tischbeine, eine Tischplatte mit weißer Oberfläche.

Der Großvater geht zum Herd. Auf dem Herd steht ein großer Topf. Der Großvater nimmt einen Teller aus dem Küchenschrank, stellt ihn neben dem Herd ab, taucht eine Kelle in den Topf – er hört, wie die Oberflächenspannung einer Flüssigkeit durchbrochen wird – und gießt etwas in den Teller, er hört es hineinfließen. Dann geht der Großvater zum Kühlschrank, holt etwas heraus, geht zum Herd zurück, nimmt einen Löffel aus der Schublade, löffelt etwas in den Teller, ihm den Rücken zugekehrt, er kann nicht sehen, was, er hört es nur in die Flüssigkeit klatschen, einmal, zweimal. Dann holt der Großvater einen anderen Löffel aus der Schublade, taucht ihn in die Flüssigkeit, dreht sich um, geht zum Tisch, stellt den Teller vor ihm ab, es klackert, setzt sich vor ihn.

Er solle jetzt essen. Er solle erst mal essen. Dann könnten sie reden.

Er sieht den Großvater an, nickt.

Er sieht auf den Teller. Dampf steigt von ihm auf. Im Teller eine rote Flüssigkeit, in der Flüssigkeit, in Stücken, rotes Gemüse. In der Mitte des Tellers ein weißer, cremiger Klecks.

Worauf er warte. Er solle essen.

Ja.

Du wirst abgehört Du wirst abgehört Hier im W Ww Wo Wo Ww Wohnzimmer Wahnzimmer Wohnzimmer Wohnzimmer Hier im Wohnzimmer wirst du abgehört Hier sind die A A Ap Ap Appa Appara Apparate ihre A A Appapa papa Apparate ihre Apparate sind hier und die Auswüchse Wurmfortsätze langgezogene Wurmfortsätze ihrer Apparate wie Fühler Teleskopstöcke Tentakel Arme ihre Arme sind es wie Fühler riesiger Fliegen Fruchtfliegen Schmeißfliegen Eintagsfliegen die Auswüchse ihrer Apparate langgezogen wie die Fühler riesiger Raubfliegen Gemeiner Raubfliegen Mordfliegen

Wenn du dann von ihr kams, warst du seltsam ruhig. Also deine Lebendigkeit, die du vorher sonst hattest, die war f-, flöten, war vorbei. Und wenn man dich fragte, was, was habt ihr denn gemacht, du und deine Mutter?, hass du nich geantwortet. Dann ham wir irgendwann vermutet, vielleicht sagt sie ihm, dass er das nich soll, dass du nichts sagen sollst. Dass wir nich Anteil haben an eurem Leben.

Es ist sehr heiß. Er senkt den Löffel in die Flüssigkeit, wieder und wieder, hebt ihn heraus, pustet, nimmt den Löffel in den Mund. Er spürt, wie seine Mundhöhle an einigen Stellen taub wird vor Hitze. Er schmeckt nichts. Er zerkaut das Gemüse und schluckt. Er schmeckt nichts. Er schluckt und spürt, wie das Gemisch aus heißer Flüssigkeit, Gemüse und Crème fraîche aus seinem Mund in die Speiseröhre rutscht. Dann spürt er es nicht mehr. Nicht, wie es die Speiseröhre hinuntergleitet. Keine Sättigung.

Er isst und isst und isst.

Das war meistens sonntags abends, so sechs Uhr, dann kamse von ihr wieder und hast dich aufs Bett gesetzt. Das war ja in meim Zimmer, links, hinten, hinten links, da hass du dich dann draufgesetzt und hass einfach nur auf die Wa-, auf die Wand, du hass einfach nur geguckt, hass nichts gesagt, hass dich auch nich ausgezogen, hass die Schuhe nich ausgezogen, hass die Mütze nich abgesetzt, du hass dich einfach nur da hingesetzt und nichts gesacht. Und dann hab ich irgendwann, hab ich den Fernseher, den Fernseher angemacht, ja, und dann hass du da gesessen, und wenn der, das F-, wenn der Fernseher dann lief, dann hass du dich da hingesetzt und hass geguckt. Und wenn das dann zu Ende war, hass du wieder mit mir geredet. Vorher hasse nichts gesacht, ja.

Er habe ja jetzt gegessen. Jetzt könnten sie reden. Was er hier wolle. Es sei lange her, nie sei er gekommen, aber jetzt sei er mit einem Mal da.

Er habe nicht gewusst, dass er zurückkommen könne. Er habe einen Brief erhalten und einen Schlüssel. Da sei er dann zurückgekommen. Er wolle, dass er ihm von ihr erzähle. Wie er sie finden könne.

Er könne ihm nicht sagen, wie er sie finden könne. Das wisse er nicht. Aber er könne ihm von ihr erzählen, ja.

Was er ihm erzählen könne.

Das hänge davon ab, was er geben könne. Er sehe, dass er das schon begriffen habe. Er habe da dieses Loch in der rechten Hand.

Ja.

Genauso verhalte es sich mit dem, was er ihm erzählen könne. Er könne es ihm nicht einfach so erzählen. Er müsse etwas dafür bekommen.

Ja.

Dem Vater ward Angst, und er versprach, ihm zu gehorchen. Da ging er zu dem Mädchen und sagte: »Mein Kind, wenn ich dir nicht beide Hände abhaue, so führt mich der Teufel fort, und in der Angst hab ich es ihm versprochen. Hilf mir doch in meiner Not und verzeihe mir, was ich Böses an dir tue.« Sie antwortete: »Lieber Vater, macht mit mir, was Ihr wollt, ich bin Euer Kind.« Darauf legte sie beide Hände hin und ließ sie sich abhauen.

Der Großvater steht auf, geht zum Herd, öffnet eine Schublade, holt ein kleines Küchenmesser hervor. Dann öffnet er eine andere Schublade, holt ein Brettchen heraus. In der linken Hand das Brettchen, in der rechten das Messer geht er zum Tisch zurück, legt das Brettchen vor ihn auf die Tischplatte, setzt sich.

Er solle den linken Arm gerade ausstrecken und die Hand auf das Brettchen legen.

Er streckt den linken Arm gerade aus und legt die Hand auf das Brettchen, die Handfläche nach unten.

Der Großvater setzt die Schneide von oben an seinem Handgelenk an.

Er spürt den Druck der Klinge auf der Haut. Einige Härchen stellen sich auf.

Es werde nicht wehtun. Darum gehe es nicht. Er rate ihm dennoch, nicht hinzusehen.

Nein. Er werde hinsehen.

Wie er wolle.

Für die vergleichende Verhaltensbeobachtung wurde der Mutter Gelegenheit gegeben, sich über einen längeren Zeitraum in ihrer eigenen Wohnung mit [redacted] zu beschäftigen. Um zu vermeiden, dass sich die Mutter durch die Anwesenheit des Unterzeichners zu sehr beobachtet fühlte, wurde sie zunächst mit ihrem Kind allein gelassen, damit sie selbst die Situation auflockern könnte. Frau [redacted] bereitet den Besuch des Kindes zwar sehr gut vor, durch bereitgestellte Süßigkeiten, Buntstifte, Papier, Vorlesebücher und Spielzeug. Auch schien sie die Gestaltung der Zeit geplant zu haben und wechselte Phasen [redacted]s »Alleinunterhaltung« mit Vorschlägen zu einer Beschäftigung ab. Trotzdem erscheint ihr Verhalten (nicht nur bei Kenntnis der Vorerkrankung) recht auffällig: Die Kommunikation zwischen Frau [redacted] und der Außenwelt ist von ihr aus stark reduziert, wie auch ihr Ausdruck hier im Kontakt mit dem Kind aus dem Rahmen fällt. Insgesamt finden kaum Interaktionen zwischen Mutter und Kind statt. Die Mutter geht kaum auf ihr Kind zu, spricht es kaum an und macht keinen Versuch, die Situation zu beleben. Während des Besuchs verharrte sie relativ unbewegt auf ihrem Sessel und schaute ihrem Sohn mit wohlwollendem Ausdruck, aber ohne Lächeln zu. Fragen des Kindes wurden in ganzen Sätzen durchaus kindgerecht beantwortet (z. B.: »Das hat dir dein Onkel geschenkt.« »Warum?« »Weil er dich lieb hat!«). Frau [redacted] macht jedoch kaum eine Äußerung über das Notwendige hinaus. Nicht einmal ein Kommentar, eine Frage oder Äußerung des Kindes diente ihr zum Anlass für eine kleine Unterhaltung, wie auch Fragen des Unterzeichners freundlich, aber karg beantwortet wurden (»Ach, das sind keine normalen Buntstifte?« »Nein!« »Das sind Kreidestifte?« »Ja!«). Ihre gelegentlichen Vorschläge bzw. Anweisungen (»So, jetzt malen wir was.« »Und jetzt lese ich dir was vor.«) passten kaum in die sonst verhaltene Situation.

Sommer. Der Park in unserem Viertel ist voller Menschen. Ich sitze mit meinem Cousin, der gerade seine neue Freundin besucht, und seiner neuen Freundin im Gras auf einem Hang.

Nach etwas Smalltalk erzählen wir, was wir bislang noch nie gemacht haben, wir kennen uns nicht so gut, einander von unseren Familien – mein Cousin ist auch nicht bei seiner leiblichen Mutter aufgewachsen und hat ein eher oberflächliches Verhältnis zu ihr, er sehe sie nur noch selten, sagt er, und dann erzähle ich von meiner Mutter, nicht viel, nur um ein ungefähres Gleichgewicht in den Redeanteilen herzustellen. Als mein Cousin mir später, wir sind längst bei anderen Themen, einen Plastikbecher hinhält, mir etwas von dem Sekt anbietet, den sie beide trinken, *Mumm, trocken,* und ich ablehne – Nein, danke –, sagt seine neue Freundin, die Therapeutin ist, dass sie das verstehe. Das würde bei dem, was ich von meiner Mutter erzählt habe, die ja vermutlich paranoid schizophren sei, vieles von dem, was früher als endogene Psychose diagnostiziert worden wäre, würde heute ja als Schizophrenie diagnostiziert, und von den Symptomen her würde es auch passen, das würde in meinem Fall, sagt sie, ja total Sinn machen, dass ich den Sekt ablehne, da gebe es ja mit hoher Wahrscheinlichkeit eine genetische Disposition, sie würde mir auch davon abraten, Alkohol zu trinken, sehr vernünftig. Ich bin überrumpelt. Das geht sie doch überhaupt nichts an. Ich mag einfach keinen Alkohol, das heißt, nicht so oft. Ich mag es, klar zu sein, denke ich und sage: Okay, verstehe.

Der Großvater drückt die Klinge leicht nach unten. Das Messer gleitet, wie durch einen Block Gelatine, durch Haut, Muskulatur und Knochen.

Er sieht, wie die Klinge in sein Handgelenk sinkt, ein hauchdünner Spalt. Er spürt nichts. Er hört nichts. Er hält die Lippen geschlossen, ein leichter Druck, die Augen auf sein Handgelenk gerichtet. Er sieht, wie der Großvater die Klinge in einer gleichmäßigen Bewegung durch den Arm führt und wie sie nach und nach abwärts sinkt wie ein unendlich langsam zu Boden fallendes Blatt – bis nach einiger Zeit die Schneide auf das Küchenbrett klackt.

Der Großvater sieht ihn an. Er sieht den Großvater an.

Ich stehe auf dem Schulhof, neben einem Mülleimer, ich bin sieben oder acht Jahre alt, der Mülleimer neben mir wie ein miniaturisierter Turm, kantig, graues Metall, das obere Drittel, meine ich mich zu erinnern, karminrot, etwas an diesem Mülleimer war karminrot, Karminrot, eine Farbe, die sich als Leitmotiv über die verschiedenen Schulgebäude, Hauptgebäude, Sporthalle etc., zog, glaube ich, ich kann mich nicht genau erinnern, der Mülleimer reicht mir etwa bis zur Brust.

Das habe er gut gemacht. Er sei ganz ruhig geblieben.

Ja.

Das habe er wirklich sehr gut gemacht. Er könne ihm gleich von ihr erzählen.

Ja.

Der Großvater legt das Küchenmesser auf den Tisch. Dann nimmt er das Brett, steht auf, stellt es neben den Herd.

Er sieht auf seinen linken Arm, hebt ihn vors Gesicht. Der Stumpf ist an der Schnittkante vollkommen eben, die Haut glatt wie bei einer Schaufensterpuppe, eine elliptische Fläche, rosa.

Er schließt die Augen. Er spürt seine linke Hand. Langsam bewegt er die Finger, fühlt ihr Gewicht.

Er öffnet die Augen. Die Hand ist nicht zu sehen.

Er schließt die Augen. Er spürt das Gewicht der Hand.

Er öffnet die Augen. Die Hand ist nicht zu sehen.

Er greift nach dem Löffel. Der Löffel bleibt auf dem Teller liegen.

Der Großvater sieht ihn an.
Das funktioniere nicht.
Ja. Das merke er. Ob er ihm jetzt von ihr erzählen könne.
Ja.

[redacted] die Auswüchse Geschwüre ihrer Apparate langgezogen und dünn monströs ihre A A Ap Appa papa papa Apparate wie die F F Fühler riesiger wie die Fühler riesiger Fliegen Dungfliegen Dickkopffliegen greifen ihre Auswüchse nach dir die Auswüchse ihrer Apparate greifen nach dir aber die A A Appa papa Apparate sind versteckt du siehst nur die Auswüchse und wie sie sich ranken winden Blaue Schmeißfliegen schlängeln Bohrfliegen Totenfliegen wie sie über den Boden vorwärtskriechen Graue Fleischfliegen vorwärtstasten Graugelbe Polsterfliegen wie Fühler Gelbe Halmfliegen wie Fühler die wachsen wachsen wachsen [redacted] wachsen wachsen wachsen immer weiter nach vorne und immer größer Kleine Stubenfliegen immer größer Stubenfliegen immer größer Große Wespendickkopffliegen Märzfliegen Schlammfliegen Schweißfliegen Gemeine Breitstirnblasenkopffliegen sie [redacted] greifen nach dir sie strecken sich nach dir aus sie kriechen über den Boden den Teppich die Dielen und strecken sich nach dir aus stechen durch deine Haut infiltrieren dich Striemen-Raubfliegen Hunderte Faulfliegen Taufliegen Tausende Waffenfliegen Grünglänzende Waffenfliegen Dungwaffenfliegen von Igelfliegen allen Raupenfliegen Seiten Blattlausfliegen Fühler Grüne Florfliegen Fühler Dänische Eintagsfliegen Kamelhalsfliegen sie Polsterfliegen wissen Hottentottenfliegen alles sie wissen Große Köcherfliegen alles von dir sie Asselfliegen sehen Gemeine Skorpionsfliegen jeden deiner Tanzfliegen Schritte Federbeinige Tanzfliegen hören Sumpffliegen jeden Schmuckfliegen deiner Blumenfliegen Gedanken sie fühlen Klettenbohrfliegen was du fühlst sie riechen Schwarzbäuchige Taufliegen was du Russische Halmfliegen riechst Schwebfliegen Kleine Schwebfliegen Große Schwebfliegen über ihre Auswüchse haben sie dich infiltriert und saugen an dir trinken trinken sie schlürfen dich aus sie machen dich fertig sie haben dich bis in die letzte Zelle hinein infiltriert ihre Fühler wandern tasten durch deinen Körper kleben sich fest saugen saugen sich an Totenkopfschwebfliegen an an Herz Kleine Keilfleckschwebfliegen Leber Mittlere Keilfleckschwebfliegen Nieren Gemeine Keilfleckschwebfliegen Milz Dickdarm Gebirgs-Keilfleckschwebfliegen Dünndarm Späte Großstirnschwebfliegen Lungen du bist eine M M Ma Ma Ma Ma

Ich bin fünf oder sechs Jahre alt und bei meiner Mutter zu Besuch, mein Cousin ist auch da. Wir liegen auf der Couch und gucken eine Zeichentrickserie von Disney, *Chip und Chap*, meine Mutter ist in der Küche oder im Schlafzimmer. Vor uns auf dem Couchtisch eine große Glasschüssel voller Milch. Bei einem früheren Besuch habe ich meine Mutter gebeten, mir *Milky Way* zu kaufen. Jetzt liegt die offene Packung neben der Schüssel. In der Werbung habe ich gesehen, dass *Milky Way* in Milch schwimmen können, in einem riesigen, unfassbar schnellen Strudel. Das will ich jetzt ausprobieren. Ich sehe zu meinem Cousin. Chip und Chap schleichen durch einen Tunnel in das Hauptquartier ihres Widersachers. Ich sage: Jetzt. Mein Cousin sagt: Okay. Wir geben unsere liegende Haltung auf und setzen uns gerade hin. Es kann losgehen. Mein Cousin steht auf, holt eine Gabel aus der Küche, setzt sich wieder neben mich und beginnt, wie wild mit der Gabel in der Schüssel herumzurühren, es spritzt und schwappt auf den Tisch, den Teppichboden. Nach einigen Sekunden hört er auf, zieht die Gabel heraus und sieht mich an, ich erwidere den Blick, sehe dann in die Schüssel, ein richtiger Strudel ist das nicht, eher Milch in Unruhe, aber egal. Ich nehme zwei, drei *Milky Way*, die ich vorher ausgepackt habe, und lasse sie, eins nach dem andern, vorsichtig in die Milch gleiten. Gleich werden die *Milky Way* in einem schnellen Strudel immer wieder im Kreis durch die Schüssel strömen, genau wie in der Werbung. Chip und Chap klettern die Leiter am Ende des Tunnels hoch, öffnen die Luke und sehen in ein grelles Licht.

Sie schwimmen tatsächlich, aber wie in der Werbung sieht es nicht aus. Wir essen die in Milch getränkten Riegel.

Zweiter Weihnachtstag. Meine Cousine kommt mich in meinem Elternhaus besuchen. Die Frau meines Onkels hat ihr meine Nummer gegeben, wir haben ein wenig hin- und hergeschrieben, dann habe ich sie zu uns nach Hause eingeladen. Es klingelt, ich gehe zur Tür, sie und ihr Mann kommen herein. Sie umarme ich, ihm gebe ich die Hand. Wir gehen ins Esszimmer, ich biete ihnen etwas zu trinken an und stelle zwei Keksdosen auf den Tisch. Wir essen Spekulatius und Spritzgebäck, trinken Kaffee und Mineralwasser und sagen immer wieder, wie sehr wir uns freuen, dass wir uns wiedersehen. Meine Cousine und ihr Mann erzählen, dass sie seit sechs Jahren ein Paar und seit einem Jahr verheiratet seien, sie hätten sich auf der Arbeit kennengelernt und würden seit vier Jahren zusammenwohnen, meine Cousine erzählt, dass sie immer noch gern schwimmen gehe, mittlerweile aber nicht mehr im Verein, und ich, dass ich noch mal studiere, Respekt, sagt sie, und dass sie ja auch oft darüber nachdenke, noch mal etwas anderes zu machen, mal sehen, und irgendwann reden wir auch von früher, wie wir tagelang zusammen bei meinem Großvater waren, dort übernachtet haben. Meine Cousine, die älter ist als ich, hat mir einmal erklärt, dass man sich nach dem Pinkeln untenrum mit Toilettenpapier saubermachen soll, und gleich danach hat sie mir noch gezeigt, wir stehen im Badezimmer meines Großvaters, beige Fliesen, beige Badewanne, wir stehen vor dem beigen Waschbecken, wie man sich richtig die Hände wäscht, dass man die Seife lange einreiben soll und dann lange mit warmem Wasser abspülen. Ein anderes Mal, erinnere ich mich, war sie bei mir zu Besuch, und wir sind zusammen durch die Stadt gelaufen, einfach so aus der Wohnung meines Vaters abgehauen, wir sind zur Hauptstraße, zum Parkplatz hinter dem Supermarkt und von dort in den Park und dann durch den ganzen Park gelaufen, ein großes Abenteuer, was kommt als Nächstes, dann von der anderen Seite des Parks aus zurück zur Wohnung meines Vaters, der uns die ganze Zeit gesucht hat und uns, als wir bei ihm ankommen, er steht schon in der Wohnungstür, während wir die Treppen hochlaufen, beide gleichzeitig umarmt und sagt, dass wir das nie wieder tun sollten, er habe sich große Sorgen gemacht, wenn uns etwas passiert wäre, gut, dass wir wieder da seien. Meistens aber sind es nicht die großen Abenteuer, die wir teilen, meine Cousine und ich, meistens sind wir einfach zusammen bei meinem Großvater, sehen fern und essen Süßigkeiten, spielen draußen auf der Straße, der Wiese hinter dem Haus, dem nahen Spielplatz. Über all das reden wir nicht. Es ist eher ein allgemeines Zurückdenken, das nicht allzu sehr in die Tiefe geht, nicht allzu genau wird, wie schön das alles war, sagen wir, und schade, dass wir uns dann nicht mehr gesehen haben. So reden wir, reden, essen Spekulatius und Spritzgebäck, trinken Kaffee und Mineralwasser und sind freundlich miteinander, der Mann meiner Cousine auch, er sitzt neben ihr, streichelt ihr manchmal über die Schulter oder legt ihr die Hand auf den Oberschenkel, er nimmt sich zurück und fragt nur hier und da interessiert nach oder erzählt kurz von ihrer Beziehung oder der Arbeit. So reden wir, und es ist unkompliziert und schön, und ich freue mich, sie zu sehen, und weil ich die Harmonie nicht gefährden will, frage ich meine Cousine kein einziges Mal nach meiner Mutter, ob sie sie in der letzten Zeit gesehen habe, ob sie wisse, wie es ihr gehe und was sie mache, wie sie aussehe, irgendwas. Dann ist das Gespräch zu Ende, sie müssen los, und wir sagen, dass wir uns schreiben und uns jetzt öfter mal sehen wollen, vielleicht, sagt meine Cousine, könnten sie mich und meine Freundin ja einmal besuchen kommen, und ich sage, dass ich mich melden würde, wenn ich mal wieder in der Gegend sei, sehr gern, sagt meine Cousine. Dann stehen sie und ihr Mann auf und gehen, ich begleite sie zur Tür, sie umarme ich, ihm gebe ich die Hand, sie steigen ins Auto, winken und fahren los. Seitdem haben wir uns nicht mehr gesehen. Ich habe mich nicht gemeldet, sie sich auch nicht.

Ma Ma Marionette Ma Ma rionette Ma Ma rionette eine Marionette bist du eine Marionette eine Ma Ma rionette die man mit ihren Fäden von innen st str stra strang strangu strangul stranguliert und deine F F Ffäden sind nicht deine F F Ffäden es sind F F Ffühler F F Ffühler ihrer A Aapparate Apparate Appa papa parate F F Ffühler Appara papa A A Apparate du bist von innen von ihnen gefesselt du bist von ihnen gefesselt und mit ihren Fesseln mit ihren F F Fesseln trinken sie mit ihren Fesseln schlürfen sie dich aus mit ihren Fühlern schlürfen sie dich aus machen sie dich fertig beschaffen sie sich alle Informationen sie wissen alles von dir sie schlürfen dich aus sie machen dich fertig sie schlürfen dich aus sie machen dich fertig sie Blasenköpfige Schwebfliegen schlürfen Hornissenschwebfliegen dich Narzissenschwebfliegen aus sie Goldhalsschwebfliegen machen dich fertig Erzschwebfliegen Pelzschwebfliegen Hummelschwebfliegen Langbauchschwebfliegen Winterschwebfliegen Hainschwebfliegen Graue Breitfußschwebfliegen sie wissen alles von dir sie haben alle Informationen sie Gestreifte Waldschwebfliegen schlürfen Gebänderte Waldschwebfliegen dich Breitband-Waldschwebfliegen aus sie Große Sumpfschwebfliegen machen Helle dich Sumpfschwebfliegen fertig Gemeine sie Sumpfschwebfliegen wissen Gemeine alles Feldschwebfliegen von Gemeine Schnauzenschwebfliegen Gemeine dir Stiftschwebfliegen Gemeine sie Dolden-Schwebfliegen Gemeine haben Keulenschwebfliegen Gemeine alle Sonnenschwebfliegen Gemeine Informationen Wespenschwebfliegen Gemeine sie Fliegen Gemeine schlürfen Gemeine Fliegen Gemeine dich Gemeine Fliegen Gemeine aus Fliegen Gemeine sie Fliegen machen

Fliegen dich Fliegen fertig Fliegen sie Fliegen wissen Fliegen alles Fliegen von Fliegen dir Fliegen sie Fliegen haben Fliegen alle Fliegen Informationen sie Fliegen Fliegen schlürfen Fliegen Fliegen dich Fliegen Fliegen aus sie Fliegen Fliegen Fliegen machen Fliegen Fliegen Fliegen dich Fliegen Fliegen Fliegen fertig sie Fliegen Fliegen Fliegen Fliegen wissen Fliegen Fliegen Fliegen Fliegen alles Fliegen Fliegen Fliegen Fliegen von Fliegen Fliegen Fliegen Fliegen dir sie Fliegen Fliegen Fliegen Fliegen haben Fliegen Fliegen Fliegen Fliegen Fliegen Fliegen Fliegen alle Fliegen Fliegen Fliegen Fliegen Fliegen Fliegen Fliegen Fliegen Fliegen Fliegen Fliegen Fliegen Informationen sie schlürfen dich aus sie machen dich fertig sie schlürfen dich aus sie machen dich fertig sie schlürfen dich aus sie machen dich fertig

[redacted] »Wohin, Hans?« »Zur Gretel, Mutter.« »Mach's gut, Hans.« »Schon gut machen. Adies, Mutter.« »Adies, Hans.«

Hans kommt zur Gretel. »Guten Tag, Gretel.« »Guten Tag, Hans. Was bringst du Gutes?« »Bring nichts, gegeben han.« Gretel schenkt dem Hans ein Kalb. »Adies, Gretel.« »Adies, Hans.«

Hans nimmt das Kalb, setzt es auf den Kopf, und das Kalb zertritt ihm das Gesicht. »Guten Abend, Mutter.« »Guten Abend, Hans. Wo bist du gewesen?« »Bei der Gretel gewesen.« »Was hast du ihr gebracht?« »Nichts gebracht, gegeben hat.« »Was hat dir Gretel gegeben?« »Kalb gegeben.« »Wo hast du das Kalb, Hans?« »Auf den Kopf gesetzt, Gesicht zertreten.« »Das hast du dumm gemacht, Hans, musstest das Kalb leiten und an die Raufe stellen.« »Tut nichts, besser machen.«

»Wohin, Hans?« »Zur Gretel, Mutter.« »Mach's gut, Hans.« »Schon gut machen. Adies, Mutter.« »Adies, Hans.«

Hans kommt zur Gretel. »Guten Tag, Gretel.« »Guten Tag, Hans. Was bringst du Gutes?« »Bring nichts, gegeben han.« Gretel sagt zum Hans: »Ich will mit dir gehn.«

Hans nimmt die Gretel, bindet sie an ein Seil, leitet sie, führt sie vor die Raufe und knüpft sie fest. Darauf geht Hans zu seiner Mutter.

[redacted] Aber das hat jetzt ein Ende Du hast das Messer Du hast die Schere Was Wwas hast du Hast du das Messer Hast du die Schere Ww Wwas Wwas hast du in der Hand Wwas Wwas Egal egal Egal Es ist egal Es ist scharf scharf so scharf so scharf Du wirst es benutzen wirst was du in der Hand hast benutzen um sie zu zerschneiden um ihre Auswüchse hier zu zerschneiden ihre A A Aapparate hier zu zerschneiden

Aber der Ma der Ma Ma der MaMann Aber das Ki Aber das KiKind was machen die Was Wwas Wwas Weg Die sollen weg Wweg Die sollen dich durchlassen Die sollen dich jetzt endlich durchlassen Die wissen nicht was du w w wweißt Du wweißt du wirst abgehört Sie hören dich ab Über ihre Auswüchse hören sie dich ab über ihre Aapparate über ihre Aapparate Du musst sie zerschneiden zerschneiden musst du sie zerschneiden in tausend Stücke zerschneiden zerschneiden musst du sie [redacted] Einmal sei sie durch die Straßen der Stadt gelaufen und habe ein Kind in den Armen gehabt, einige Monate alt. Sie sei durch die Straßen der Stadt gelaufen und habe ein Kind in den Armen gehabt, und das Kind habe in ihren Armen geweint und geschrien. Sie sei auf ihrem Weg zu jeder Haustür gegangen und habe überall geklingelt. Sie sei zu jedem Geschäft gegangen und habe versucht, die Tür zu öffnen. Wenn jemand zu Hause gewesen sei und ihr geöffnet habe, sei sie durch das Treppenhaus zur Wohnungstür gegangen. Wenn das Geschäft geöffnet gewesen sei, habe sie es betreten und sei direkt zur Kasse gegangen. Sie habe an jeder Wohnungstür gefragt, ob sie dieses Kind kennen würden, ob es ihnen gehöre. Das Kind weine und schreie, und sie wisse nicht, was sie mit ihm anstellen solle, habe sie gesagt. Was stelle man an mit so einem weinenden und schreienden Kind, habe sie gesagt. Es sei auf einmal da gewesen, habe sie gesagt, sie wisse nicht, wie und wann, und jetzt wisse sie nicht, wohin damit. Wohin mit so einem weinenden und schreienden Kind, habe sie gesagt. Sie habe das Kind in jedem Geschäft über den Kassentresen gehalten und gefragt, ob sie dieses Kind haben wollten. Man habe ihr geantwortet, dass man das Kind nicht kenne, dass das Kind nicht zu ihnen gehöre, dass man es nicht haben wolle und dass sie jetzt gehen solle. So sei sie eine Zeit lang durch die Straßen der Stadt gelaufen.

Was sie dann gemacht habe.

Sie habe das Kind in einem Hauseingang abgesetzt und sei weitergegangen. Das Kind habe geschrien. Sie sei dann wieder zurückgekommen, habe es hochgehoben, sei weitergegangen. Dann habe sie das Kind in einem anderen Hauseingang abgesetzt. Es habe geschrien, sie habe es wieder hochgehoben etc.

Die Mutter meiner Brüder und ich sitzen im Esszimmer, vor uns zwei Gläser Tee, zwei Keksdosen, ein Adventskranz, vier brennende Kerzen, auf der Tischfläche verteilt einige Teelichter. Irgendwann erzählt sie mir, dass es einen Brief gebe, mein Vater müsse ihn noch irgendwo haben, den gebe es, den gebe es wirklich, es sei ein Brief an meine Mutter, erzählt sie, an die frühere Adresse meines Vaters geschickt, sie hätten damals noch nicht zusammengewohnt, und aus dem Brief gehe hervor, dass meine Mutter mit dem Zug gefahren sei und mit einer Ordensschwester geredet habe, der sie erzählt habe, meine Mutter müsse sehr eloquent gewesen sein, dass sie mit meinem Vater verheiratet sei, seinen Nachnamen trage, der Brief sei deswegen auch an meine Mutter als Frau meines Vaters adressiert gewesen, und dass sie und mein Vater Kinder hätten, eine glückliche Familie wären. In dem Brief habe die Ordensschwester das Gespräch mit meiner Mutter kurz wiedergegeben, nur daher wisse sie das alles, die Ordensschwester habe meiner Mutter noch für die tolle Zugfahrt gedankt und ihr alles Gute gewünscht. Dann erzählt die Mutter meiner Brüder, dass sie, bevor sie und mein Vater den Brief geöffnet hätten, zunächst gedacht habe, er gelte ihr, und dass der Brief sie wütend gemacht und sie sich gefragt habe, ob mein Vater jetzt ein Parallelleben führe, mit meiner Mutter, von dem sie nichts wisse, und dann erzählt sie, dass sie immer Angst vor meiner Mutter gehabt habe, Angst davor, dass meine Mutter ihr irgendwo auflauere und sie plötzlich angreife.

Als mein Vater und ich später nach dem Brief suchen, können wir ihn nicht finden.

Ob er ihm noch etwas erzählen könne.

Der Großvater steht auf, geht zum Herd, nimmt das Brett, geht zurück, setzt sich an den Tisch, sieht ihn an.

Er legt seinen linken Unterarm auf das Brett. Rechts neben dem Unterarm liegt seine linke Hand.

Der Großvater trennt den Unterarm am Ellbogen ab. Er spürt nichts. Die Schneide klackt auf das Küchenbrett. Der Stumpf ist an der Schnittfläche von glatter Haut überzogen.

Der Großvater steht auf, nimmt das Brett, stellt es neben den Herd. Dann setzt er sich wieder.

Ob er ihm jetzt weitererzählen könne.

Ja. Natürlich. Er müsse wissen, wie viel er hören wolle.

Sie steht in einem Raum, mit dem Rücken an der Wand. Neben ihr, rechts und links: Menschen, etwa zwanzig, dicht an dicht, Menschen vom einen bis zum anderen Ende des Raums, eine Reihe. Vor ihr zwei weitere Reihen.

Sie sieht zwischen den Köpfen und Schultern der Menschen hindurch in das rechteckige, die ganze gegenüberliegende Wand einnehmende Fenster, sieht den Hof dahinter: graue Bodenplatten, Bäume, Laub, ein Tor aus grauem Metall, einige Kinder, ihre Winterjacken, Jeans- und Cordhosen, Rufe, abgeschirmt durch Glas und Wand, kaum hörbar.

Sie senkt den Blick. Direkt vor der ersten Reihe ist der Boden etwa dreißig Zentimeter erhöht, eine mit Teppich ausgelegte Fläche. Links eine Wand, rechts ein Holzregal, darin einige Bücher, Stofftiere, Plastikspielzeug etc. Hinter dem Regal weitere Menschen.

Die Menschen stehen vollkommen still im Raum, kein Laut. Sie steht vollkommen still im Raum, kein Laut.

Das Kind steht in der Mitte der erhöhten Fläche, die Augen geschlossen.

Um das Kind herum ein paar Legosteine, blau, weiß, schwarz, gelb etc., und Legofiguren und Teile davon, Helme, Schwerter, Beine, Oberkörper etc.

Zwei Kinder gehen zu dem Kind, stellen sich daneben.

Das Kind öffnet die Augen.

Ob sie gekommen seien, weil sie mit ihm spielen wollten.

Nein. Sie würden allein spielen. Sie seien gekommen, um es anzusehen. Alle seien mit Spielen beschäftigt, nur es stehe die ganze Zeit allein in der Mitte und habe die Augen geschlossen. Das sei merkwürdig. Das hätten sie sich ansehen wollen.

Ja. Es könne nicht allein spielen.

Das sei Unsinn. Jeder könne das.

Das Kind sieht zu Boden.

Nein. Es könne das nicht.

Das Kind sieht weiter zu Boden.

Die zwei Kinder stehen neben dem Kind, sehen es an.

Dann gehen sie am Kind vorbei, setzen sich, einige Meter entfernt, im linken Teil der Fläche auf den Boden. Vor ihnen einige Legosteine und -figuren. Sie nehmen sie in die Hand, spielen damit.

Das Kind hebt den Blick, sieht in den Raum.

Sie sieht das Kind an. Die Menschen sehen das Kind an.

Stille.

Das Kind sieht in den Raum.

Ob es hier jemanden gebe, der es ihm zeigen könne.

Stille.

Die Menschen sehen das Kind an.

Sie sieht das Kind an.

Du hass nichts gesacht, ne. Also, das is ja jetz alles schon Ewig-, Ewigkeiten her, aber, ne, du hass nichts gesacht, außer dass du da gesessen hast, hass nichts gesacht und dich dann aufs Bett gesetzt, vorn Fernseher, mit deiner Mütze, mit deinen Schuhen, und hass Fernsehen geguckt, und danach konnten wir mit dir reden. So, was weiß ich, wie war das Wochenende, so was. Dass du mit Mama irgendwo gewesen bist oder, du hass nich viel erzählt. Du hass echt wenig erzählt. Aber dann war überhaupt, überhaupt erst n Zugang zu dir möglich, nachdem du n Film geguckt hass, vorher nich, da ging das nich. Vorher hass du nichts gesacht, gar nichts, ja. Und du hass immer den gleichen Film geguckt, die gleiche Serie, so, also immer das Gleiche.

Du hast sie zerschnitten Du hast sie alle zerschnitten
Du stehst in der Mitte des Zimmers
Du triumphierst

Zwei andere Kinder kommen, stellen sich zu dem Kind. Es dreht sich zu ihnen.

Ob sie zum Spielen gekommen seien.

Nein. Sie seien gekommen, weil es interessante Legosteine und -figuren habe. Sie würden sie nehmen. Es benutze sie ja nicht.

Es habe sie mitgebracht. Es seien Geschenke. Sie gehörten ihnen nicht.

Dann solle es sie auch benutzen. Dann würden sie es damit allein lassen.

Ob sie nicht gemeinsam damit spielen wollten.

Nein. Entweder es spiele allein damit, oder sie würden alles mitnehmen. Es könne sich ja nicht wehren. Aber wenn es damit spiele, dann würden sie wieder gehen. Anderenfalls würden sie es umstoßen und alles mitnehmen.

Das Kind setzt sich hin. Dann greift es mit der linken Hand nach einigen Legosteinen.

Die Finger gleiten mitten durch das Plastik.

Das Kind hält sich die Hand vors Gesicht. Es schließt die Augen, ballt die Hand zur Faust, presst die Fingerkuppen in die Handfläche, streckt die Finger und öffnet die Augen. Das wiederholt es einige Male.

Die Kinder sehen zu ihm hinunter.

Was für eine komische Hand es habe. Wieso es so eine komische Hand habe.

Jemand habe sie abgeschnitten.

Was es für komische Sachen sage. Nein, sie würden überhaupt nicht mit jemandem spielen wollen, der so komische

Sachen sage. Es solle die andere Hand benutzen. Es solle jetzt die andere Hand benutzen, oder sie würden alles mitnehmen.

Da warst du total irritiert und hass gesacht, du dürftes nie n Schlafanzug anziehen, ja. Und da ham wir auch gesagt, so, äh, wieso darf der keinen Schlafanzug, du hättest nie n Sch-, du dürftes nie n Schlafanzug anziehen. Aber mehr hass du auch nich erzählt, mehr weiß ich nich.

Du stehst in der Mitte des Zimmers
Du triumphierst

Was faselt der Mann denn da

Was faselt der Mann denn da

Der soll die Fresse halten

Also, die muss in irgendner Welt gelebn, gelebt haben, die es nich gab, ja.

Die Kinder stehen vor dem Kind, sehen es an. Das Kind sitzt auf dem Teppichboden, sieht hoch. Niemand bewegt sich. Eine Zeit lang verharren das Kind und die anderen Kinder reglos im Raum, wie eingefroren, als wären sie Akteure eines Films, den jemand plötzlich angehalten hätte.

Sie sieht auf die erhöhte Fläche, fixiert das Kind und die Kinder mit ihren Augen.

Dann greift das Kind mit der rechten Hand nach unten.

Die Finger schließen sich um einige Legosteine. Das Kind lächelt. Es dreht die Hand nach oben. Es hebt Hand und Arm zu den beiden Kindern.

Einige Legosteine fallen aus der Hand und schlagen auf dem Teppichboden auf. Die Steine fallen durch ein kreisrundes Loch, das sich mitten in der Handfläche des Kindes befindet.

Was für ein komisches Loch es da habe. Mit jemandem, der so eine komische Hand habe, würden sie nicht spielen. Sie würden die Legosteine und -figuren jetzt mitnehmen.

Sie sollten warten. Es seien nicht alle Legosteine heruntergefallen.

Das Kind streckt den Kindern die rechte Hand entgegen, die Handfläche nach oben. Einige Legosteine liegen darin, um das Loch herum, an den Rändern der Handfläche. Das Kind sieht hoch, sieht die Kinder an.

Eines der Kinder tritt einen Schritt nach vorn, stößt es an der Schulter.

Der Oberkörper des Kindes schwankt, der Arm. Die Legosteine stürzen aus der Hand, prasseln auf den Teppich.

Die Kinder nehmen die Legosteine und -figuren.

Warum es weine. Es könne ja doch nicht mit den Sachen spielen.

Das Kind sitzt auf dem Boden, die Augen geschlossen, das Gesicht nach unten gerichtet. Der Körper zittert. Tränen rinnen über die Wangen und fallen auf den Teppich.

Die Kinder gehen an ihm vorbei, setzen sich in einigen Metern Entfernung hin und stecken einige Legosteine zusammen.

Neben ihr beginnt jemand zu klatschen. Dann setzt jemand anderes ein, dann noch jemand, dann noch jemand. Das Klatschen breitet sich durch den Raum hindurch aus, bis alle Menschen, die vor der erhöhten Fläche stehen, auf der sich das Kind und die vier anderen Kinder befinden, schnell und immer wieder ihre Hände zusammenschlagen.

Sie klatscht mit.

Die Kinder stehen auf, lassen die Legosteine und -figuren auf dem Teppichboden liegen, stellen sich vor das Kind. Das Kind bleibt hinter ihnen sitzen. Die Kinder fassen sich an den Händen und verbeugen sich mehrere Male. Das Klatschen wird lauter, dann leiser. Dann verlassen die Kinder den Raum. Das Klatschen verebbt. Sie steht knapp vor der Wand, die Menschen vor ihr und neben ihr gehen aus dem Raum.

Der soll die Fresse halten seine Fresse Seine gottverdammte gottlose Fresse soll der halten Fresse halten Fresse Fresse Der soll seine Fresse halten Sonst wirst du sie ihm stopfen Du wirst sie ihm schon noch stopfen Wenn der jetzt nicht sofort aufhört wirst du ihm mit deiner eigenen Hand die Fresse stopfen Du wirst die Schere Du wirst das Messer Egal was Du wirst was du in der Hand hältst benutzen Es glänzt und es ist scharf und du wirst ihm mit deiner Hand wenn der jetzt nicht aufhört seine gottverdammte gottlose Fresse stopfen

Als alle anderen Menschen den Raum verlassen haben, öffnet das Kind die Augen.

Es sieht sie an.

Es sei seine Schuld, wenn es nicht spielen könne.

[redacted] Ein anderes Mal sei sie mit dem Kind in ein Einkaufszentrum gegangen. Sie hätten in einem Geschäft gestanden, und die Wand vor ihnen sei voller Schwerter gewesen, roter, grüner, gelber, blauer etc. Das Kind habe auf jede Farbe gezeigt. Sie hätten von jeder Farbe ein Schwert gekauft und seien zurück in die Wohnung gefahren. Dort habe sie dem Kind gesagt, dass es keine echten Schwerter seien. Das Kind habe gesagt, dass es das wisse, es sehe ja, sie seien aus Plastik, und es fühle ja, sie seien ganz leicht. Sie habe gesagt, dass es zwar keine echten Schwerter seien, dass sie aber trotzdem schneiden könnten. Man müsse sie nur richtig benutzen. Dann habe sie die Schwerter in einen Schirmständer gestellt, habe ein Schwert genommen und sei vor das Kind getreten. Dann habe sie ausgeholt, und da sei auf einmal ein Schnitt in der Luft gewesen, wenige Zentimeter breit, und in dem Schnitt ein silbernes Strömen, wie flüssiges Quecksilber. So hätten sie eine Zeit lang in den Schnitt gesehen, in die silberne Flüssigkeit. Dann habe sie gesagt, es solle die Augen schließen. Das Kind habe die Augen geschlossen. Dann habe sie gesagt, es solle die Augen öffnen. Da sei der Schnitt weg gewesen. Dann habe das Kind gesagt, dass es ein Schwert haben wolle. Sie habe ein Schwert aus dem Schirmständer gezogen und es ihm gegeben. Dann habe sie ihr Schwert in den Schirmständer gestellt. Währenddessen habe das Kind ausgeholt. Als sie sich vom Schirmständer weggedreht habe, habe das Kind ihr den linken Arm abgeschlagen. Der Arm sei abgefallen und knapp über dem Teppichboden in der Luft verschwunden. Sie habe gesagt, es solle die Augen schließen. Das Kind habe die Augen geschlossen. Dann habe sie gesagt, es solle die Augen öffnen.

Da sei der Arm wieder da gewesen. Dann habe sich das Kind die linke Hand abgeschlagen. Dann habe sie dem Kind das Schwert weggenommen. Es solle aufhören, habe sie gesagt. Es solle die Augen schließen, habe sie gesagt. Es solle sie öffnen. Da sei die Hand wieder da gewesen.

Einige Wochen nachdem ich meinen Onkel und seine Frau besucht habe, bekomme ich Post von ihnen, ein brauner Umschlag, darin einige Fotos: zwei Fotos von mir als Säugling, die einzigen, die ich habe. *Wir mussten lange suchen. Wir suchen weiter. Dein Besuch hat uns sehr bewegt.*

Ob er ihm noch mehr erzählen könne.

VI

[redacted] Sie steht vor einem Tor aus grauem Metall. Im Hof ist es still. Sie hat das Gebäude verlassen, ist über den Hof zum Tor gelaufen. Niemand im Sandkasten, niemand auf dem Gelände. Der Himmel bedeckt, die Bäume kahl.

Sie öffnet das Tor, hört, als sie den rechten Torflügel nach innen aufzieht, wie er über den Rand des linken schabt, es klemmt ein wenig, Metall auf Metall, und geht schließlich durch das Tor. Dann zieht sie das Tor zu, sieht zurück in den Hof, auf das Gebäude. Sie dreht sich um, geht einige Meter, bleibt stehen.

Unter ihr graue Bodenplatten, die einen schmalen, von Bäumen gesäumten Weg bilden, der sich nach und nach absenkt und in einen weiteren Hof führt. Etwa auf halber Höhe, auf der rechten Seite, die Betonfassade einer Halle, etwas weiter unten, auf der linken Seite, ein schwarzer Kasten mit rechteckigen Fenstern, die sich durch die ganze Fassade ziehen. Noch weiter unten ein zweiter Hof, der von einem Wall begrenzt ist. Hinter dem Wall weisen die Drahtzäune eines Sportplatzes in den Himmel.

Sie geht einige Meter.

Links, vor dem schwarzen Kasten, Kinder und Erwachsene, etwa hundertfünfzig bis zweihundert Menschen. Sie sieht, wie sie sich über den Hof bewegen, wie die Kinder über den Hof gehen oder rennen, aufeinander zu und hintereinander her und voneinander weg, oder wie sie neben den Erwachsenen laufen, wie die Erwachsenen über den Hof gehen und sich in kleinen Gruppen im Eingangsbereich des Gebäudes sammeln, wie sie beim Reden gestikulieren, sich die Hände schütteln.

Sie geht einige Meter.

Sie hört: Rufe und lautes Gelächter,

das An- und Abschwellen unzähliger Stimmen etc.
Sie hört: Schritte auf den Bodenplatten,
wie es knallt, wenn ein Ball geschossen wird,
wie es knallt, wenn er auf dem Boden des Hofs aufkommt,
wenn die Tür des Gebäudes ins Schloss fällt etc.
Sie geht einige Meter.

Das zweite Mal sei ich fünfzehn oder sechzehn gewesen, sagt mein Vater. Ein Anruf aus der Psychiatrie, wieder habe man mich in die Therapie meiner Mutter einbeziehen wollen, wieder habe er abgelehnt, und er wiederholt, dass er mich nicht habe zum Werkzeug machen wollen, dass er nicht gewusst habe, ob ich das ausgehalten hätte. Vielleicht, denke ich jetzt. Vielleicht auch nicht. Wer kann das sagen. Aber ich hätte meine Mutter noch einmal wiedergesehen, in einem Alter, in dem ich besser hätte einschätzen können, was für ein Mensch sie eigentlich ist. Aber ist denn das so wichtig. Ist das nicht egal. Mein Vater und ich reden noch ein wenig über andere, unverfängliche Themen, trinken aus, dann schlägt mein Vater sich mit der Hand auf den Oberschenkel und sagt: So, ich geh jetzt ins Bett. Ich auch, sage ich. Wir stehen auf, umarmen uns, mein Vater klopft mir zwei, drei Mal auf die Schulter, ich ihm auch, dann lassen wir los. Mein Vater geht aus dem Zimmer, ich gehe ins Bad, dann ins Arbeitszimmer zurück, wenn ich komme, schlafe ich inzwischen dort. Ich lege mich auf die Matratze in der Mitte des Raums, die mein Vater vor ein paar Stunden aus dem zweiten Stock geholt hat, sehe noch einmal auf die Platten an den Wänden, Chick Corea, Herbie Hancock, Pink Floyd, Joe Zawinul etc., diese ganze Musik, und sehe auf den Tisch, die leeren Bierflaschen, die leere Tasse, das Aufnahmegerät, die Anlage, die silberne Box, und an der Wand hinter dem Tisch ein Zettel, den mein Vater von einer Klavierschülerin bekommen hat, eine mit Buntstift gezeichnete Blume und daneben: *Es hat sehr viel Spaß gemacht bei Ihnen. Danke!* Ich frage mich kurz, wie alt sie ist, acht Jahre vielleicht, vielleicht neun, und ob ihre Mutter oder ihr Vater ihr bei der Rechtschreibung geholfen hat, dann mache ich die kleine Lampe aus, die auf dem Stuhl neben der Matratze steht, und schließe die Augen.

Fresse halten Der soll seine gottverdammte gottlose Fresse halten Genau wie das DiDing in seinen Armen Das soll auch die Fresse halten Was schreit das DiDing die Wohnung voll Fresse halten Fresse halten Das DiDing schreit alles voll Das DiDing kotzt alles aus Das DiDing kotzt sich richtig aus Na toll Na toll Du triumphierst doch Du stehst doch in der Mitte des Zimmers und triumphierst Na toll

Na toll

Ich stehe auf dem Schulhof, neben einem Mülleimer. Ich bin sieben oder acht Jahre alt. Ich kann mich nicht bewegen.

Sie geht einige Meter.

Dann bilden sich mehrere kleinere Gruppen. Die Gruppen bestehen vor allem aus Kindern. Die Kinder stellen sich in die Ecken des Hofs, vor den Eingang des schwarzen Kastens, vor einen Baum, vor den Wall. Die Kinder stehen zusammen, in zwei, manchmal drei Reihen, und bei ihnen steht jeweils eine Frau, manchmal zwei. Die Frauen lachen, die Kinder lachen, jemand macht ein Foto.

Sie geht einige Meter.

Dann lösen sich die Gruppen auf, stieben auseinander. Einige Kinder gehen, einige rennen los, alle bewegen sich in Richtung des schwarzen Kastens. Die Tür wird aufgestoßen, knallt ins Schloss, wird wieder aufgestoßen, knallt wieder ins Schloss. Die Frauen lachen und gehen den Kindern hinterher, hinein in das Gebäude, die anderen Erwachsenen gehen mit. Alle Menschen strömen nach und nach in den schwarzen Kasten, als wäre der Eingang die schmale Öffnung eines großen Gefäßes, in das dieser Strom fließen würde, bis das Gefäß auch den letzten Menschen aufgenommen hätte – bis ein letztes Mal die Tür zufällt und das Knallen über den Hof hallt, auf dem niemand mehr ist. Sie steht in einiger Entfernung und sieht über den leeren Hof, die wenigen Bäume, den Kasten links, die Halle rechts, vorn den Wall.

Sie sieht auf den Wall.

Da steht jemand, sieht zu ihr.

Sie kann die Person nicht genau erkennen.

Sie blinzelt.

Die Person ist weg.

Sie blinzelt.

Da steht jemand, sieht sie an.

Die Person sieht ihr zu, wie sie weiter über den Hof geht, die Tür des Kastens öffnet, hineingeht, und wendet sich ab, geht den Wall in Richtung des Sportplatzes hinunter, als sie, hinter der Tür, ein letztes Mal durch das Glas der Tür auf den Wall sieht, bevor sie sich umdreht und durch die Eingangshalle des Gebäudes zur Treppe an der Wand und die Treppe hinaufgeht.

Ein anderes Mal sei sie ins Badezimmer gegangen. Das Kind habe in der Wanne gesessen. Am Beckenrand sei ein Aufsatz befestigt gewesen, an dem mehrere Spielgeräte gehangen hätten, mit denen das Kind gespielt habe, während das Wasser in die Wanne geflossen sei. Sie habe sich zu dem Kind gesetzt und gesagt, dass es nicht da sei. Sie habe gesagt, dass sie beide nicht existierten. Sie habe gesagt, dass diese Wohnung nicht existiere, nicht dieses Badezimmer, nicht diese Spielgeräte und dass es keinen Sinn ergebe, mit nicht existenten Dingen zu spielen. Dann habe sie den Aufsatz mit den Spielgeräten entfernt. Das Kind habe geweint und geschrien. Sie habe gefragt, warum es das mache. Es solle aufhören, habe sie gesagt. Es habe mit nichts gespielt, habe sie gesagt, nur sinnlos in der Wanne gesessen. Sie gehe jetzt, habe sie gesagt. Dann sei sie aus dem Badezimmer gegangen. Das Kind habe weiter geweint und weiter geschrien. Das Wasser sei weiter in die Wanne gelaufen. Dann sei sie zurückgekommen und habe auf das Wasser gesehen, das dem Kind fast bis zum Kinn gereicht habe. Dann habe sie das Wasser ausgestellt. Sie habe gefragt, warum es das Wasser nicht selbst ausgestellt habe, warum sie habe kommen müssen. Oder ob es ertrinken wolle, habe sie gefragt, dann könne sie das Wasser auch wieder anstellen. Wie es überhaupt in diese Wanne gelangt sei, wo es doch gar nicht laufen könne. Oder könne es auf einmal laufen, habe sie gefragt. Wie es überhaupt in diese Wohnung gelangt sei, habe sie gefragt, wer es sei, wie es entstanden sei, habe sie gefragt, aus welchen Einzelteilen, die wo herumgelegen hätten, es sich wann und wie genau zusammenmontiert hätte und mit welchem Sinn. Dann habe sie gefragt, warum es nicht bei der ersten Bewegung in seine Einzelteile zersprungen und auf den Boden gescheppert sei. Das verstehe sie nicht, habe sie gesagt. Dann habe sie gefragt, was es in ihrer Wohnung zu suchen habe, das sei ihre Wohnung, es solle jetzt gehen. Sie habe das Wasser ausgestellt, es sei genug, habe sie gesagt. Es solle jetzt gehen, habe sie gesagt, und wenn es nicht gehe, wenn es jetzt nicht sofort gehe, habe sie gesagt, dann mache sie das Licht aus und die Tür zu und stelle das Wasser wieder an.

[redacted] Sie steht in einem Raum. In dem Raum sind je drei Tische zu einer Sitzgruppe zusammengestellt, zwei nebeneinander, ein Tisch am Kopfende, quer. An den Tischen sitzen Kinder und schreiben in DIN-A4-Hefte. Das Geräusch ihrer Stifte auf dem Papier, von Zeit zu Zeit, leise, ihre Stimmen. An der Wand in ihrem Rücken eine aufgeklappte Tafel, die Wand links neben ihr hellgelb, einige aufgehängte Buntstiftzeichnungen, durch die Wand vor ihr und die Wand rechts neben ihr zieht sich ein breiter Streifen aus Fenstern. Sie steht in der Mitte des Raums und sieht durch das Glas auf den Hof.

Das Kind sitzt an einem Tisch, den Kopf über die Tischplatte gebeugt, und schreibt.

Sie stellt sich daneben, sieht in das Heft.

Das Kind schreibt weiter.

Eine Frau stellt sich neben sie.

Was sie da mache.

Sie sieht vom Heft auf, sieht die Frau an.

Sie versuche zu lesen, was das Kind schreibe. Es sei ihr Kind. Sie könne aber nicht lesen, was es schreibe.

Das Kind schreibt weiter.

Sie sieht wieder auf das Heft.

Die Frau hält ihr eine Hand vors Gesicht. Die Hand bewegt sich auf und ab.

Sie sieht vom Heft auf, zur Frau.

Die Frau fixiert sie mit den Augen. Die Lippen aufeinandergepresst.

Sie könne nicht lesen, was es schreibe, weil das Kind in seiner eigenen Schrift schreibe. Die würde sie erst lernen müssen.

Wieso es eine eigene Schrift erfunden habe. Das ergebe doch keinen Sinn.

Es ergebe Sinn für jeden, der sie lesen könne. Das sei genug. Aber sie gehe jetzt besser. Es sei offensichtlich, dass es ihr nichts mitteilen wolle.

Sie streckt ihren Arm zu dem Kind aus, rüttelt es an der Schulter.

Das Kind hört zu schreiben auf, sieht hoch.

Ob das stimme. Ob es ihr nichts sagen wolle.

Ja. Es wolle ihr nichts sagen. Aber sie könne es lesen, wenn es fertig sei.

Wie sie denn eine ihr unbekannte Schrift lesen solle. Ob es ihr denn nicht einmal sagen wolle, wovon das, was es schreibe, handle.

Ob das nicht klar sei. Wovon solle es denn schon handeln.

Das Kind sieht sie an. Sie sieht das Kind an.

Was das heißen solle. Das verstehe sie nicht.

Nein. Das verstehe sie nicht. Es könne ihr allerdings auch nicht dabei helfen.

Die Frau fasst sie an der Schulter, dreht sie vom Kind weg, sieht sie an.

Dass sie jetzt gehen solle. Dass sie jetzt wirklich gehen solle. Ob sie denn nicht merke, dass sie störe. Das Kind, sie selbst, alle anderen.

Sie sieht das Kind an. Das Kind sieht sie an.

Sie schiebt die Hand der Frau von ihrer Schulter, dreht sich um, geht aus dem Raum, dem Gebäude, über den Hof, den Wall.

Na toll

Ich bin fünf oder sechs Jahre alt, und meine Mutter und ich sind in einem riesigen Spielwarengeschäft, stehen vor einem der Regale. Meine Mutter kauft mir einen Schild in Form eines Gullydeckels, wie ihn auch die *Ninja Turtles* benutzen. Der Schild ist aus grauem Plastik und kann, wenn Batterien eingelegt sind und die Batterien noch genug Energie haben, wie irrlichternd blinken und laute videospielähnliche Geräusche machen. Wir fahren mit dem Auto nach Hause. Ich sitze neben meiner Mutter auf dem Beifahrersitz und umklammere die quaderförmige Pappverpackung, hinter welcher der Schild beziehungsweise Gullydeckel nur darauf wartet, von mir eingesetzt zu werden, vermutlich in einem Kampf auf Leben und Tod, vermutlich mit einem meiner bunten Plastikschwerter. Ich freue mich.

Na toll Wer hat den denn zusammengeflickt Wer hat denn das da zusammengeflickt Das sind doch nur Einzelteile Das sind doch nur schreiende Das sind doch nur plärrende Einzelteile Was faselt der Mann Was faselt der Du hörst es nicht Hörst du nicht Hörst du nicht Fresse halten Du kannst es nicht hören Fresse halten Du kannst es nicht mehr hören Fresse halten Der soll endlich seine gottverdammte gottlose Fresse halten Für immer Sonst stopfst du sie ihm Jetzt stopfst du sie ihm

Du

fasst ihn an den Mann In deiner Hand blitzt es hell und scharf Du schlägst den Mann Du schlägst den Mann Du schreist ihn an Du schreist

SIE -
- -
- -

– –

– –

– –

– –

– –

– –

– –

– –

– –

– –

– –

– –

– –

– –

– –

– –

– –

Ich stehe auf dem Schulhof, neben dem Mülleimer, der Mülleimer ist karminrot, etwas an diesem Mülleimer ist karminrot, ich stehe auf dem Schulhof, neben diesem irgendwie karminroten Mülleimer, der mir etwa bis zur Brust reicht, und liegt meine Hand nicht auf dem Metalldeckel des Mülleimers, wo liegt meine Hand, wieso sehe ich dieses Bild, was ist es, woran ich mich erinnere, meine Hand, die auf dem Metalldeckel des Mülleimers liegt, die linke, die rechte, mein kleiner Arm, der linke, rechte, wie auch immer, ich stehe auf dem Schulhof, neben diesem Mülleimer, karminrot, meine Hand ist woanders, mein Arm ist woanders, und kann mich nicht bewegen, ich kann mich nicht bewegen.

Ob er unbedingt zum Großvater müsse.

Der Onkel beugt sich vor, sieht ihn an.

Was er meine.

Nun, er müsse sich ja nicht alles ansehen.

Doch, er müsse sich alles ansehen.

Der Onkel legt einen Stadtplan auf den Tisch.

Der Großvater sei am längsten hier. Er wisse also auch am meisten.

Das sei sehr gut.

Außerdem werde der Großvater, wenn er tue, was er verlange, nicht aufhören, ihm von ihr zu erzählen.

Das sei auch sehr gut.

Ob er sich schon einmal gefragt habe, ob er für immer hierbleiben wolle.

Ja. Er wolle nicht für immer hierbleiben.

Das bedeute allerdings, dass er den richtigen Zeitpunkt finden müsse zu gehen. Irgendwann sei dieser Zeitpunkt vorüber.

Wann.

Das könne er ihm nicht sagen.

Er solle ihm jetzt den Weg erklären.

[redacted] Der Großvater sieht ihn an.
Er sieht den Großvater an.
Ob er ihm noch mehr erzählen könne.
Heute nicht. Er habe seinen ganzen linken Arm gegeben.
Das sei kein Problem. Er könne noch mehr geben.
Nein. Es sei ein Problem. Er solle jetzt die Augen schließen.
Er schließt die Augen.

Ich kann mich nicht bewegen. Ich kann mich nicht bewegen. Ich stehe auf dem Schulhof, neben dem Mülleimer, ich bin sieben oder acht Jahre alt, es ist große Pause, ich stehe neben dem Mülleimer vor dem Schulgebäude und kann mich nicht bewegen. Niemand, der mich festhält, keine Fesseln, kein Strick etc. Es ist lediglich das: Mein Körper lässt sich nicht bewegen, reagiert nicht auf die Impulse, die ich ihm sende, Impulse, etwas zu sagen, etwas zu rufen, zu schreien, zu laufen – ich will irgendwohin laufen, ich will irgendwohin rennen, irgendwohin –, Impulse, den Kopf in die eine Richtung zu drehen, in die andere, Impulse, von meinem Platz vor dem Haupteingang, neben dem Mülleimer, auf den Schulhof zu gehen, auf den Schulhof zu rennen, den anderen hinterherzurennen, vor den anderen wegzurennen, mit ihnen zu rennen etc. Es ist lediglich das: Meine Arme, Beine, Füße, Hände, Hals, Augen, Mund etc. lassen sich nicht bewegen, alles fühlt sich an, als wäre ich versteinert, ohne dass jemand gekommen wäre und etwa mehrere Eimer Beton über mir ausgegossen hätte, ich bin vollkommen sichtbar, vollkommen exponiert, meine Kleidung, mein Körper, meine Haut, mein Gesicht, die Statue eines sieben- oder achtjährigen Kindes, mit anliegenden

Armen und angehaltenem Atem vor dem Hauptgebäude der Schule, neben diesem Mülleimer.

Der Großvater geht zum Herd, nimmt das Brett, legt es auf den Tisch. Er nimmt die Hand, steckt sie an den Unterarm. Er nimmt den Unterarm, steckt ihn an den Oberarm. Die Körperteile heften sich an den Schnittkanten sauber zusammen wie zwei gegenpolige Magneten. Es klickt. Der Großvater stellt sich neben ihn, steckt den Arm an seine linke Schulter. Es klickt.

Er solle die Augen öffnen und zu seiner linken Schulter sehen.

Er öffnet die Augen und sieht zu seiner linken Schulter.

Er habe ihm den Arm zurückgegeben. Aber der Arm sei hier nicht mehr zu gebrauchen. Er solle einmal versuchen, den Löffel aufzuheben.

Er greift nach dem Löffel. Die Hand greift hindurch.

Er verstehe. Aber was das solle. Es sei ja alles nur zum Schein. Ob es nun so aussehe oder nicht: Er habe keinen linken Arm mehr.

Er mache einen Fehler. Er habe einen linken Arm. Er könne ihn ja auch fühlen, oder. Nur könne er ihn hier nicht mehr benutzen. Das sei ein Unterschied. Um diesen Unterschied gehe es. Er habe etwas geben sollen. Das habe er getan. Es sei gut so.

In den jeweils vierstündigen Besuchszeiten hat Frau [redacted] das Zusammensein mit ihrem Sohn vernünftig und fantasievoll gestaltet. Sie berichtet, mit [redacted] Eisessen zu gehen, im Sandkasten zu spielen, zusammen im [redacted]park spazieren zu gehen oder Spielzeug zu kaufen. Sie bringe ihren Sohn auch mit seiner Cousine [redacted] zusammen, die er schon ganz gut kenne. Frau [redacted] wünscht sich ausgedehnte Besuchszeiten für ganze Wochenenden, um »sich wieder ganz dem Kind widmen« zu können. Sie hat viele Ideen für die Besuche, will mit [redacted] zum Zoo, ihm aber auch vorlesen, »ihn ein wenig erziehen«. Diese Pläne sind zu begrüßen, konnten im Hinblick auf das beobachtete Verhalten aber noch nicht ganz überzeugen. Schließlich ist zurzeit noch allein [redacted] der »Motor« der Besuchskontakte zwischen Mutter und Kind, welcher die ganze Situation belebt, durch häufige Fragen an die Mutter den verbalen Kontakt herstellt und durch eigene Einfälle immer wieder ein angenehmes Zusammensein herzustellen versucht. Letztlich verlief ein ganztägiger Probebesuch jedoch für alle Beteiligten zufriedenstellend.

Er steht auf, geht aus der Küche, durch den Flur.

Er geht ins Wohnzimmer. Rechts neben der Tür eine Couch, davor ein langer, niedriger Tisch, zwei Sessel. In der linken Ecke des Raums ein großer Fernseher. Daneben, gegenüber der Tür, eine Fensterwand. Dahinter ein Balkon, die Straße.

Der Fernseher ist eingeschaltet. Auf der Couch liegt die Cousine, die Fernbedienung in der Hand.

Er steht einen Schritt hinter der Tür, sieht zu ihr.

Was sie hier mache.

Wonach es denn aussehe.

Der Großvater stellt sich neben ihn. Er gibt ihm einen Zettel.

Er liest den Zettel.

Er liest den Zettel noch einmal. Er sieht den Großvater an.

Er habe schon so einen Zettel. Wozu er noch einen brauche. Und sei das nicht der gleiche Zettel.

Der Großvater legt eine Hand auf seine Schulter.

Die Dinge hätten sich geändert. Das heiße nicht, dass er den alten Zettel nicht mehr verwenden könne oder solle. Er bitte ihn nur, sich diese Orte anzusehen. Dann könne er wiederkommen, und er werde ihm noch etwas erzählen. Ob er das verstanden habe.

Ja.

Die Cousine drückt auf die Fernbedienung. Es wird lauter.

Was denn daran auch nicht zu verstehen sei.

Du hass gar nichts erzählt. Du hass nich erzählt, ich war mit Mama da oder ich hab das gemacht oder, hasse nich erzählt. Und irgendwann war uns nich klar, wo sie dich schläfen, schlafen lässt. Und wir ham vermutet, dass sie, dass sie dich natürlich mit zu sich ins Bett nimmt. Und du hass wohl irgendwie erzählt, Mama hat nichts an. Und da hab ich im Jugendamt angerufen und gesacht, irgendwie is es sehr suspekt, was da läuft, wie die Kontakte sind. Und die ham dann gesacht, okay, und dann eingeleitet, weil sie das Sorgerecht hatten, dass du nich mehr über Nacht bleiben darfst. Gut, dann krichte se, krichte s-, krichte sie dich dann ebend ab und, auch mal für, fürn paar Stunden nach Hause. Dann hatten die im Jugendamt mit ihr aber auch wohl Probleme, weil sie ja natürlich auch sehr giftig war. Kurzum, das reduzierte sich dann irgendwann auf Besuchskontakte, dass sie dich nur noch im Kindergarten sehen durfte. Das hat sie dann blockiert. Das hat sie dann nich mehr mitgemacht. Dann hat sie dich halt nich mehr, nich mehr gesehen. Dann hat sie von sich aus das entschieden, dass sie das nich mehr macht. Und dann kam ir-, dann kam aber schon die Einschulung, und das sind die letzten Fotos, die es gibt.

Es schellt, die Pausenglocke, die Schülerinnen und Schüler, Lehrerinnen und Lehrer strömen vom Schulhof in meine Richtung, alle in meine Richtung, ihr Lachen, Reden, Rufen, ihre Schritte, manche rennen, manche schlendern, alle kommen an mir vorbei, stoßen die zwei Glastüren in meinem Rücken auf, ein Luftzug, immer wieder, ihre Schritte, immer wieder, wie die Schuhe auf die schwarzen Fliesen knallen, knallen, knallen, alle gehen sie hinein, alle gehen sie ins Schulgebäude hinein.

Er solle jetzt gehen. Aber vorher solle er sich noch von der Großmutter verabschieden.

Warum. Die bemerke ihn doch gar nicht. Die laufe doch nur in die Richtung, in die man sie drehe.

Der Großvater sieht ihm in die Augen.

Es sei seine Großmutter. Er solle sich von ihr verabschieden. Er wolle doch sicher wiederkommen und mehr hören.

Ja.

Dann solle er sich von ihr verabschieden.

Ja.

Vor etwa fünfzehn Jahren schreibt meine Mutter mir zum ersten Mal. Ich habe ihr ein paar Tage zuvor einen Brief geschrieben, jetzt schreibt sie mir auch einen Brief.

Den Brief habe ich mittlerweile verloren – und kann mich auch so gut wie überhaupt nicht mehr an ihn erinnern. Ich weiß nur noch, dass die Antwort meiner Mutter auf grünem Papier geschrieben war, dunkelblaue Tinte auf hellgrünem Papier, dass meine Mutter eine sehr ordentliche Schrift hatte und froh über unser baldiges Treffen war.

Aber du bis ihr ja weggenommen worden, nachdem sie wohl so n Schub gehabt hat, aber nich in meiner Nähe, sondern, die is ja irgendwie durch die Stadt gelaufen und dann in Gastwirtschaften gegangen, hat dort Essen bestellt und gegessen und hat mit Frau Doktor unterschrieben oder als Juristin unterschrieben, und an dem Abend, sie is an dem Abend auf-, und an diesem Tag oder nen Tag vorher muss sie auffällig gewesen sein, weil sie als »weißer Engel« durch die Stadt gelaufen is. Ich hab nur diesen Begriff, den hat der, wie heißt der noch, na, Jugendamtsmensch, der hat gesacht, dass sie als »weißer Engel« durch die Stadt und aufgegriffen worden is, von der Polizei wahrscheinlich, und dann gings so weiter. Sie war auffällig, war auffällig im gesellschaftlichen Raum, is, is da durchgetickt, und dann hat man ihr den Jungen, also dich, weggenommen.

Er öffnet die Tür. Die Großmutter steht vor dem Fenster, geht auf der Stelle, ihre Hüfte drückt gegen das Fensterbrett. Hinter dem Fenster eine Wiese, es ist hell. Am Ende der Wiese Mehrfamilienhäuser.

Er geht zum Fenster.

Er wolle sich verabschieden. Er werde hoffentlich wiederkommen.

Die Großmutter streckt ihren Arm etwas nach vorn und berührt mit dem Zeigefinger das Fenster. Das Fenster verschwindet. Vor ihnen die offene Luft, Sonne, ein paar Wolken. Wind weht herein. Es ist kühl.

Sie stehen vor der offenen Fläche. Die Großmutter streckt die Hand aus, so als zeige sie nach unten, auf die Wiese. Dort stehen, hintereinander aufgereiht, einige Wäschestangen – je zwei im Erdboden fixierte, nach oben ragende Metallstangen, die an den Spitzen durch eine horizontale Stange verbunden sind –, zwischen ihnen sind Leinen aufgespannt, an denen vereinzelt Kleidungsstücke hängen. Inmitten der Stangen, Leinen und Kleidungsstücke sieht er, wie einige Kinder einem Ball hinterherlaufen, mal in die eine, mal in die andere Richtung, und er hört, wie sie rufen, und er hört, wie sie laufen, und er hört, wie sie gegen den Ball treten.

Er sieht die Großmutter an. Die Großmutter sieht ihn an.

Er nickt.

Er geht durch das Zimmer, öffnet die Tür.

Er dreht sich um. Die Großmutter steht vor dem Fenster.

Er geht durch die Tür, schließt sie.

Er öffnet die Wohnungstür, geht hindurch, schließt sie, zieht seine Schuhe an.

Er geht durch das Treppenhaus, öffnet die Haustür, schließt sie.

Er steht auf dem Weg vor dem Haus, sieht nach links und nach rechts.

Fakten hat man nich, nein. Nein. Man kann, konnte nur zum Beispiel an deiner Gesundheit sehen, dass du wohl nich super ernährt worden bis, du warst sehr hager, sehr blass. Auffällig waren deine Zähne, die, deine Milchzähne waren alle kaputt. Die hat also, die hat dir wohl viel Süßstoff oder süßen Tee, irgendwas Süßes gegeben. Das war auffällig.

[redacted] Du fliegst durch die Straßen der Stadt Du hast es geschafft Du hast alles richtig gemacht Du bist belohnt worden Heute nach dem Aufwachen bist du belohnt worden bist du endlich belohnt worden Du hast das zerfetzte DiDing du hast es weggelegt Du hast dich hingelegt Die Sonne ist untergegangen Das Licht ist ausgegangen Die Sonne ist wieder aufgegangen Du bist aufgewacht

Du fliegst durch die Straßen der Stadt Du bist allein

Soll das DiDing doch schreien Soll es doch plärren Soll es doch die ganze Wohnung vollplärren wie die stummen Schreie der Erhängten auf dem Dachboden

Soll es doch auf den Dachboden gehen Soll es doch bei den Erhängten verrotten Du kannst fliegen Du fliegst

durch die Straßen der Stadt Du bist ganz neu ganz neu erstanden auferstanden Du hast es ausgestanden Du hast die Prüfung bestanden Es war eine Prüfung Eine einzige lange Prüfung war es aber jetzt hast du es geschafft

Du fliegst durch die Straßen der Stadt

[redacted] Ich bin keine drei Jahre alt und sitze auf einer Couch. Die Couch steht in einem der Räume des Jugendamts, an der Wand. Es ist Sommer, Nachmittag, das Licht dringt blendend hell durch die Fenster. Mein Vater sitzt vor mir auf einem Stuhl, zwei, drei Meter entfernt. Mein Vater sieht mich an, ich sehe zu Boden. Nach einer Weile stehe ich auf, gehe durch den Raum zu meinem Vater und lasse mich von ihm umarmen.

Dass da wohl noch irgendwo eine Verbindung gewesen sei, zwischen mir und ihm, erzählt mein Vater immer, und dass ich seit diesem Tag bei ihm gewohnt hätte.

Ich kann mich an nichts davon erinnern.

Ich verlasse die Wohnung meines Onkels und gehe die Seitenstraße hoch, zur Hauptstraße. Es ist Winter, zwischen den Jahren, und der Schnee, der vor ein paar Tagen gefallen ist, liegt wie Dreck auf den Gehwegen, eine bräunliche Pampe, die unter den Schritten schmatzende Geräusche von sich gibt, der Himmel zugezogen, grau. Die Straßen wie leer gefegt, hier und da einige Pkw, kaum Passanten. Ich gehe zur Wohnung meines Großvaters und meiner Großmutter, beide sind seit über zehn Jahren tot, ich will wissen, ob ich das Haus wiederfinde; ich finde es wieder. Von dort gehe ich zu meiner Grundschule, das Metalltor ist verriegelt, das Gelände abgesperrt, von außen sichtbar: die Turnhalle, das Hauptgebäude, der Hof, der Sportplatz. Ich gehe weiter. Neben der Grundschule Kindergarten und Hort, alles dunkel und leer, an der Eingangstür ein Schild, auf dem steht, dass die Einrichtung im neuen Jahr wieder aufmache, die Vorhänge hinter den Fenstern sind komplett zugezogen, billiger, alter Stoff. Ich gehe weiter, zur alten Wohnung meines Vaters, die ich, als ich näher komme, zunächst nicht wiedererkenne, und als ich sie schließlich doch wiedererkenne, das an einer viel befahrenen Straße liegende, einsam da stehende, fast marode Eckhaus, die alte Wohnung meines Vaters im dritten Stock, überquert ein Mann die Straße, zwischen vierzig und fünfzig Jahre alt, ich bin noch etwa zwanzig Meter entfernt, und ich sehe, wie der Mann zu dem Haus geht, einen Schlüssel aus der Jeanstasche zieht, den Schlüssel ins Schloss der Eingangstür steckt, weiße PVC-Verschalung, Bullauge, und ich sehe, wie der Mann den Schlüssel umdreht, die Tür öffnet und hineingeht, und ich merke an meinem Puls, wie es mich zutiefst erschreckt. Ich gehe weiter. Ich gehe weiter, an dem Haus vorbei, die Enden der Hosenbeine, die Stoffschuhe vollgesogen von diesem ganzen matschigen Schnee, nasskalt, an den Füßen, Fußgelenken, ich ziehe die Nase hoch, ich ziehe den ganzen Rotz ganz hoch, ich habe keine Taschentücher mehr, es ist Sonntag, und nichts hat heute geöffnet, nichts, vielleicht am Bahnhof, aber ich will jetzt nicht zum Bahnhof, ich gehe weiter, ich ziehe die Nase hoch, dauernd, ich gehe weiter, seit über zwei Stunden durch diese Stadt, ich gehe weiter. Ich gehe weiter, zur Wohnung meiner Mutter, ein Mehrfamilienhaus, die Fassade schmutzig und grau, meine Mutter wohnt im vierten Stock, immer noch, ich stehe einen Moment unten vor der Tür, sehe auf ihren Nachnamen und überlege, ob ich klingeln soll, und falls sie sich meldet, falls ich ihre Stimme aus der Gegensprechanlage höre – »Hallo? Wer ist da?« –, werde ich wortlos wieder gehen. Ich entscheide mich dagegen, ich gehe weiter. Ich gehe zum Bahnhof.

Als ich zu Hause ankomme, sind meine Schuhe immer noch vollkommen durchnässt. Ich stopfe sie mit Zeitungspapier aus, lege sie auf die Heizung, und dann werde ich krank und bleibe es die ganze nächste Woche lang.

[redacted] Er sitzt am Tisch. Vor ihm ein Heft. Er schreibt. Von Zeit zu Zeit hebt er die Hand und sieht durch das Loch darin. Er sieht: die Oberfläche des Tischs, die Wand, das Fensterglas, Hausfassaden, Himmel, Wolken.

Er schreibt.

Mein Vater und ich sind mit einem Freund und seinem Sohn zum Kanal gefahren, ich bin keine drei Jahre alt. Es ist Sommer, es ist warm, der wolkenlose Himmel, die sich im Wasser spiegelnde Sonne und wie hinter der geöffneten Autotür in Endlosschleife Miles Davis' *Bitches Brew* nach draußen rumort, in unregelmäßigen Abständen die Motorengeräusche von Autos, Lastwagen und Traktoren, die über die nahe Brücke und weiter über die Landstraße fahren. Mein Vater und sein Freund trinken Bier und rauchen, sie reden, lachen und liegen auf einer Decke am Ufer. Etwa zwanzig, dreißig Meter vom Ufer entfernt einige graue Fabrikgebäude, davor drei Hügel aus aufgeschüttetem Sand, am Fuß eines dieser Hügel der Sohn des Freundes, der ein halbes Jahr jünger ist als ich und einmal mein engster Kindheitsfreund werden wird, und ich. Wir spielen.

Irgendwann nimmt er mir meinen Plastikeimer weg. Ich breche sofort in Tränen aus. Er geht zu einem anderen Sandhügel, kippt den Sand aus dem Eimer und beginnt, mit einer kleinen Plastikschaufel neuen Sand in den Eimer zu füllen. Ich renne zu meinem Vater. Dass er mir meinen Eimer weggenommen habe, sage ich und heule. Dann hol dir den Eimer wieder, sagt mein Vater.

Also, also die Situation war schon so, dass, dass nach einiger Zeit das Jugendamt auch sachte, du gingst dann zur Schule und so, »der Junge hat sich gut entwickelt«, du warst ja in einem guten sozialen Umfeld, von Kindergarten an, da hattest du, das war ja der Freundeskreis, und man hat viel gemacht. Das, und ich sachte, das seh ich auch so, aber ich hab trotzdem, wenn, was da wirklich draus wird, das wird sich viel, viel später zeigen, nich jetz unbedingt, wie du damit umgehst, was du da erlebt hast. Also ich hab schon das nich vertuschen wollen vor mir selbst. Weil ich glaube, dass dein Gehirn einfach da was erlebt hat, was außergewöhnlich is, aber ich vertraue, vertraue da eigentlich auch auf d-, auf d-, auf das, das, dass du das, ich muss es nich schlecht sehen, ich muss es nich total negativ machen, nur weil sie durchgeknallt is. Sie hat dir in der Zeit sicherlich auch viel Liebe gegeben, verwöhnt, ja, du hass ja in dem Sinne keine Gewalt erlebt, Gewalt, du hass halt nur die Trennung erlebt. Und deine sozialen, deine soziale Orientierung war dann, war einfach nich ermöglicht, du konntest dich eindreiviertel Jahre nich als Mitmensch auf dieser Welt erleben. Das halte ich für etwas, was n sehr großer Einschnitt is, ja, weil Menschen soziale Wesen sind und weil sies ja lernen müssen, du musstest ja lernen, mit anderen Menschen klarzukommen. Du musstest Sozialkompetenz lernen. Musstest dich einfach durchsetzen, ja. Ja, das ging dann ja auch, das ging.

Dieses Verhalten steht jedoch im Gegensatz zum beobachteten Verhalten im Milieu der Mutter. Hier bat [redacted] bei verschiedenen Wünschen (z. B.: »Schrank öffnen?« »Mit dem Schiff spielen?« »Auf den Schoß?«) höflich um Erlaubnis und verfiel in manchen Fragen in eine Kleinkindrolle, welche er beim Vater nicht innehat. Während er mit allem Spielzeug gut alleine zurechtkam (alleine malte, selbstständig ein Lied sang), kam [redacted] bei der Mutter immer wieder mit Fragen zu ihr, wie er etwas tun solle, stecken solle, malen solle, ob er etwas vorsingen solle etc. Die Fragen erfüllten hierbei die Funktion des Kontakts zwischen Kind und Mutter, welcher sonst äußerst reduziert gewesen wäre. Das Kleinkindverhalten wurde dabei von der Mutter unterstützt, z. B. durch Verabreichen einer Kinderschnabeltasse (obgleich er problemlos aus Glas wie Becher trinkt), Vorschlägen zum Spiel, Erklärungen (wenn ein Zurückfragen günstiger gewesen wäre). Auch Füttern und übermäßige Hilfe oder langes Auf-dem-Schoß-Halten sind von der Erzieherin beobachtet worden.

Er steht vor einem Feuer. Neben ihm der Freund.

Sie stehen auf einer Wiese. Das Gras um sie herum ist teils dicht, teils spärlich, dazwischen immer wieder Erdflecken, Abfälle. Links, in einiger Entfernung, ein Hügel, der in einen Wald führt, rechts einige Kleingärten. Hinter dem Feuer, etwa zweihundert Meter entfernt, einige Baumreihen, dahinter die Autobahn.

Zwischen ihnen und dem Feuer eine Reihe Kunststoffeimer. Die Eimer sind gefüllt mit Fotografien. Von Zeit zu Zeit beugen sie sich nach vorn, der Freund und er, und er hält einen Moment inne, spürt die Hitze auf der Haut, auf Gesicht, Hals, Brustkorb, Armen, und sieht aus den Augenwinkeln, wie der Freund in einen Eimer greift. Dann sieht er in den Eimer, der vor seinen Füßen steht, nimmt eine Fotografie heraus, sieht zum Freund. Sie richten sich auf, knüllen die Fotografien zusammen, werfen sie in die Flammen.

Außer Ästen, Zweigen und den Fotografien liegen Plastikabfälle im Feuer, Flaschen, Tetra Paks etc.

Es ist Nachmittag. Es ist hell und warm.

Er sieht auf das brennende Holz – wie das Feuer von einem

Ast auf den anderen übergreift, das Holz schwarz wird, die Flammen hindurchschlagen –

und sieht auf das schmelzende Plastik – Joghurtbecher, die sich von innen auflösen, Bonbonpapier, das beim Kontakt mit den Flammen zerfließt, der stechende Geruch in seinen Nasenflügeln –

und sieht, wie die Fotografien inmitten der Äste, Zweige, Abfälle landen, Feuer fangen, in Flammen aufgehen, zu Asche zerfallen. Es knistert.

Ich bin vier oder fünf Jahre alt, meine Mutter und ich machen eine Reise in den Süden. Wir sitzen im Zug, vor mir liegen Spielsachen auf dem Boden des Abteils, ich baue irgendetwas zusammen. Später, am Strand, wie sie mir eine Süßigkeit kauft, eine Art Fruchtgummi.

Er sitzt am Tisch. Er schreibt.

Die Erweiterung der Besuchszeiten auf wöchentliche Nachmittage in der Wohnung der Mutter rief bei dem Dreijährigen verschiedene Reaktionen hervor. Einerseits zeigte er nun Gefallen an dem Zusammensein mit der Mutter, andererseits traten Verhaltensauffälligkeiten bei ihm auf. Der Junge erlebte derart unterschiedliche Ausprägungen von Temperament, Regelerteilung und Interaktion, dass er die Besuche zunächst nur mit Schwierigkeit verkraftete. Herr [redacted] berichtet überzeugend und differenziert von Beunruhigungssymptomen des Kindes dergestalt, dass [redacted] nach den Besuchen bei geringster Frustration in Wutanfälle ausbrach. Übertriebenes Streben nach einer Ordnung steigerte sich bei dem Kind in Verzweiflung (z. B. beim Versuch, ein Taschentusch perfekt zusammenzufalten oder eine Zeichnung sauber auszuradieren). Ferner erschien [redacted] nach jeglichen Besuchen sehr still und zurückgezogen, wie er auch bereits auf der Treppe zur Wohnung der Mutter unvermittelt still geworden sei, so Herr [redacted]. Diese Verhaltensaufälligkeiten waren auch im Kindergarten augenfällig.

Er schreibt.

Eine andere Reise mit meiner Mutter, ins Saarland. Ich esse zum ersten Mal Käsekuchen.

Die Beziehung zwischen [redacted] und seiner Mutter hat sich aber inzwischen wieder verbessert. Der Junge zeigt Vorfreude auf die Besuche, trennt sich ungern bei Ende der Besuche, hat bei fortentwickelter Bindungsfähigkeit den Wechsel zwischen Vater und Mutter bei manchen Übergaben als recht schmerzhaft erlebt, gab sich aber mit der Erklärung und Beruhigung durch den Vater zufrieden.

Er steht auf, lässt das Heft vor sich auf dem Tisch liegen.

Er geht durch die Wohnung. Die Wohnung ist beinahe leer, ein Tisch, eine Matratze, Besteck und Geschirr, Küchenutensilien. Seine Schritte hallen durch die Räume.

Er ruft im Büro an. Er hört das Piepen, als er die Nummer eingibt. Dann hört er nichts mehr, kein Besetzt-, kein Freizeichen.

Er gibt die Nummer des Freundes ein. Piepen. Dann nichts.

Er ruft den Onkel an, die Cousine, die Tante: nichts.

Er geht zur Wohnungstür, greift mit der rechten Hand nach der Klinke, drückt sie herunter, zieht. Die Tür bewegt sich nicht. Er holt einen Schlüssel aus seiner Hosentasche, hält den Schlüssel zwischen Daumen und Zeigefinger, steckt ihn ins

Schloss, dreht die Hand nach links: Der Schlüssel bewegt sich nicht. Er streckt seinen linken Arm in Richtung des Schlüssels. Die Hand greift hindurch.

Er steht einige Minuten vor der Tür.

Er geht zum Tisch zurück, steht davor.

Er setzt sich, nimmt das Heft, liest.

Wind weht ins Zimmer, weht über sein Gesicht. Es ist kühl.

Er hört die Straße, Anfahrgeräusche, Hupen etc.

Nachdem er die letzte Seite gelesen hat, schließt er das Heft, legt es auf die Tischplatte. Er sieht vor sich, Fenster und Wand sind verschwunden, sieht in den Himmel, die Wolken, sieht auf die Straße, den Gehsteig.

Auf dem Gehsteig steht eine Bank. Auf der Bank sitzt eine Frau.

Er sieht Pkw vorbeifahren, Fahrräder, Passanten in unterschiedliche Richtungen gehen. Auf dem Gehsteig in regelmäßigen Abständen Bäume, ihr welkes Laub.

Nach einiger Zeit steht die Frau von der Bank auf und geht.

Er sieht ihr nach, bis sie nicht mehr zu sehen ist.

Pkw, Passanten, Fahrräder, Laub.

Er schließt die Augen, öffnet sie.

Vor ihm die Wand, das Fenster.

In den Prozessunterlagen finde ich einen Brief. Nach einer knappen Anrede schreibt meine Mutter, dass sie sich sehr über ein aktuelles Foto von mir freuen würde. Mein Vater solle doch bitte so nett sein und ihr ein Foto von mir schicken. In diesem Sinne wünsche sie frohe Weihnachten.

Ich stehe auf dem Schulhof, neben dem Mülleimer. Ich bin sieben oder acht Jahre alt.

Ich drehe mich um,

öffne eine der beiden Glastüren,
gehe hinein, durch ein kleines Foyer,
ein paar Treppen hoch.

[redacted] »Wohin, Hans?« »Zur Gretel, Mutter.« »Mach's gut, Hans.« »Schon gut machen. Adies, Mutter.« »Adies, Hans.«

Hans kommt zur Gretel. »Guten Tag, Gretel.« »Guten Tag, Hans. Was bringst du Gutes?« »Bring nichts, gegeben han.« Gretel sagt zum Hans: »Ich will mit dir gehn.«

Hans nimmt die Gretel, bindet sie an ein Seil, leitet sie, führt sie vor die Raufe und knüpft sie fest. Darauf geht Hans zu seiner Mutter. »Guten Abend, Mutter.« »Guten Abend, Hans. Wo bist du gewesen?« »Bei der Gretel gewesen.« »Was hast du ihr gebracht?« »Nichts gebracht.« »Was hat dir Gretel gegeben?« »Nichts gegeben, mitgegangen.« »Wo hast du die Gretel gelassen?« »Am Seil geleitet, vor die Raufe gebunden, Gras vorgeworfen.« »Das hast du dumm gemacht, Hans, musstest ihr freundliche Augen zuwerfen.« »Tut nichts, besser machen.«

Hans geht in den Stall, sticht allen Kälbern und Schafen die Augen aus und wirft sie der Gretel ins Gesicht. Da wird Gretel böse, reißt sich los und läuft fort und ist Hansens Braut gewesen.

[redacted] Sommer. Ein paar Wochen vor dem Abitur, ich werde mein Elternhaus bald verlassen, um zu studieren. Irgendwann in dieser Zeit fragt mich mein Vater, ob ich nicht versuchen wolle, den Kontakt zu meiner Mutter wiederaufzunehmen, ob mich das nicht interessieren würde. Ich bin achtzehn Jahre alt, wir haben seit ungefähr elf Jahren keinerlei Kontakt. Frühere Kontaktversuche von ihrer Seite habe er immer abgeblockt, da er nicht gewusst habe, ob ich das verkrafte, aber jetzt sei ich ja erwachsen und ausreichend gefestigt. Er gibt mir die Adresse. Meine Mutter wohnt immer noch dort, wo sie bereits gewohnt hat, als ich sie das letzte Mal gesehen habe.

Ich schreibe einen Brief, zum ersten Mal, bitte um ein Treffen.

[redacted] ...

VII

[redacted] Der Onkel sagt, er sei über tausend Kilometer in die falsche Richtung gefahren. Jetzt sei es zu spät.

Er steht im Flur einer leeren Wohnung. Der Onkel hat ihm den Schlüssel geschickt, er ist sich jetzt ganz sicher.

Durch die Fenster dringt etwas Licht, sodass er am Boden seinen Schatten sieht. Seit er die Tür geschlossen hat, hat er nur seine Schritte gehört, seinen Atem, sonst nichts. Es ist später Nachmittag.

Ob ihm nicht aufgefallen sei, wie lange die Fahrt gedauert habe.

Er legt auf.

Während der Fahrt hat er auf seinem Sitz gesessen, in einer der hinteren Reihen, und aus dem Fenster gesehen.

Die Straßen, Fassaden, Busstationen, Menschen etc. zogen an ihm vorbei, flossen ungehindert ineinander. Ein Anströmen von Wahrnehmungen, die durch ihn hindurchrauschten, in ihm absickerten. Und die fortwährende Unterbrechung dieses Stroms.

Eine fragmentierte Ampelphase, fragmentierte Anfahrgeräusche. Die fragmentierte Tastempfindung seiner Finger am Fenster etc.

Der Schlüssel passt genau.

Er hat gesehen, dass es die falsche Straße war, das falsche Haus. Aber der Schlüssel passt genau.

Er hat ihn aus dem an ihn adressierten Briefumschlag genommen, einen einzelnen Schlüssel, sonst nichts. Er hat ihn ins Schloss gleiten lassen, zuerst vorsichtig etwas hin- und hergedreht.

Dann hat er ihn in einer kurzen schnellen Bewegung umgedreht und aufgeschlossen.

Dann ist er rein ins Haus. Die Treppen hoch. Rein in die Wohnung.

Und wieder abgeschlossen.

Ob ihm das nicht aufgefallen sei.

Er habe nicht auf die Fahrt geachtet und auch nicht auf die Zeit. Es sei ihm gar nicht so lange vorgekommen.

Ob er immer noch da sei, in dieser Wohnung. Warum er nicht weggehe. Was er da zu schaffen habe.

Er gehe nicht weg. Nicht jetzt.

Er legt auf.

Er geht die Zimmer ab, zieht mit jedem Atemzug die Leere jedes Raums weiter in sich hinein.

Es ist das Fehlen dessen, was da sein könnte: Schränke, Tische, ein Kühlschrank, ein Bett, eine Badewanne, Wasch- und Spülbecken etc.

Es ist aber auch in den Fliesen der Küche oder des Badezimmers, im Linoleumboden der beiden anderen Zimmer, in den Wänden, der Tapete, den Fenstern, dem Staub: kann sein, dass da ein Muster ist, kann sein, dass da Farbe ist, kann sein –

Es ist eine Stille, in der er nur seinen Atem hört.

Er habe Wichtigeres vor, jetzt, aber er werde kommen. Wie er das Haus überhaupt gefunden habe.

Er sei ausgestiegen, er wisse nicht mehr, wo genau. Er sei gelaufen, er wisse nicht mehr, wie lange und in welche Richtung. Dann sei er vor dem Haus stehen geblieben.

Dass das nicht stimme. Nicht stimmen könne.

Ob er wisse, dass die Wohnung eine exakte Kopie der anderen sei, abgesehen davon, dass alles fehle. Könne er ihm die andere nicht beschreiben, das, was fehle. Vielleicht reiche das.

Er werde gar nichts beschreiben. Was er da zu schaffen habe.

Er legt auf.

Er schließt die Augen.

Eine Frau und ein Kind stehen neben ihm. Das Kind hält die Frau an der Hand.

Das Kind zieht die Frau hinter sich her, in alle Zimmer. In jedem bleibt es knapp hinter der Tür stehen und schaut hoch zur Frau.

Die Frau sagt jedes Mal, das hier sei nicht das Richtige.

Das Kind nickt und zieht die Frau in das nächste Zimmer.

Nachdem sie jedes Zimmer einmal betreten haben, bleiben sie vor ihm stehen und sehen ihn an.

Das Kind zeigt auf ihn. Die Frau nickt.

Das Telefon klingelt.

Er geht in das nächste Zimmer, zum Fenster.

Aus einer kleinen Flasche schüttet er ein wenig Wasser auf die Scheibe, oben. In Schlieren läuft es nach unten.

Er zieht den Ärmel seines Pullovers hoch in die Handfläche und wischt damit über das Glas, hin und her, erst mit dem rechten, dann mit dem linken Ärmel. Er öffnet das Fenster, wiederholt den Vorgang auf der Außenseite, schließt es.

Ein paar Wischspuren bleiben übrig. Ansonsten ist das Fenster nun klar.

Er sieht hindurch. Er spreizt die Finger beider Hände und legt sie aufs Glas, schiebt sein Gesicht langsam nach vorn, bis seine Nasenspitze die Scheibe berührt, bis sie durchsichtig wird und durch das Glas sinkt. Er schiebt seinen Kopf in die Scheibe. Nacheinander verschwinden Nase, Mund, Augen etc.

So bleibt er stehen. Undeutlich nimmt er seinen im Glas verschwundenen Kopf wahr.

Das Telefon klingelt.

Er sei sofort da, fünf Minuten. Warum er auch habe zurückkommen müssen. Er habe ihm den Schlüssel nur geschickt, weil er dachte, er werde nicht kommen. Nicht kommen können. Der Schlüssel passe ja auch gar nicht zur anderen Wohnung, nur zu dieser, in der er ja aber nichts zu schaffen habe, was suche er da überhaupt, eigentlich dürfe es diese Wohnung gar nicht mehr geben, diese Wohnung sei längst plattgemacht worden, vor Jahren, man habe es ihm bestätigt, er habe das schriftlich, und er habe es auch gesehen, mit eigenen Augen, da sei nichts mehr, kein Gebäude, kein Treppenhaus, keine Wohnung. Warum habe er ihn angerufen. Habe er sich das nicht denken können, liege es denn nicht auf der Hand, dass er ihm niemals den echten Schlüssel überlassen würde, den es ja auch nicht gebe, weil da keine Wohnung sei, zu der er passe, aber wenn, würde er ihm den echten Schlüssel doch niemals, unter keinen Umständen, und hinge sein Leben davon ab, dass er ihm den echten Schlüssel, den es nicht gebe, per Einschreiben, in den erstbesten Umschlag, niemals, niemals, niemals würde er ihm, absurde Idee, den echten Schlüssel! Warum er ihn angerufen habe, warum er ihn angerufen habe, er habe doch nun bekommen, was er wolle, das habe er doch, oder, die richtige Wohnung, die es nicht gebe, wie es ja auch die falsche Wohnung nicht gebe, dass er gar nicht in die falsche Richtung, aber eben auch nicht in die richtige, höchstens in die richtige falsche Richtung gefahren sei, dass er nicht hätte kommen sollen, dass er jetzt zu ihm komme, dass er jetzt komme, er sei gleich da.

Er legt auf.

Er geht jeden Raum ab, Zimmer, Zimmer, Küche, Bad, Flur, und lehnt sich mit dem Rücken an jede Wand. Kann sein, dass da Farben sind und verschiedene Beschaffenheiten, Tapete oder Fliesen oder nackter Stein, kann sein, dass die Oberflächen kalt sind, aber vielleicht sind sie auch warm, warm wie sein Körper. Kann sein, dass ein leichtes Knacken oder Knistern zu hören ist, so als breche die Oberfläche einer dünnen Eisschicht, als er einsinkt in jede Wand; oder nicht einsinkt, sondern eher sich der Wand angleicht und in der Wand als Wand noch schwach seinen Körper spürt – die Umrisse, den Herzschlag, ein Vibrieren auf der Haut, und wie es juckt, juckt, überall juckt, sodass er sich, könnte er Arme und Hände bewegen, gar nicht genügend kratzen könnte –, und er blickt aus der Wand hinaus und ringsum durch alle Wände, alle Fenster, alle Zimmer, die sich in seinem Blick auflösen und dann wieder entstehen, eine riesige Fläche, klar wie Luft, hoch über dem Boden, vierter Stock, aber ohne Wolken oder Sonne oder Himmel, einfach nur transparentes Nichts, dann wieder eine verlassene Wohnung, in der nur sein langsames Ein- und Ausatmen zu hören ist.

Es klingelt.

Er geht aus dem Zimmer, dem Flur, der Wohnung, schließt ab.

Er zieht den Schlüssel aus dem Schloss. Dann hält er in der Bewegung inne und blickt zur Tür.

So bleibt er eine Zeit lang stehen.

Bis seine Hand sich wieder zur Tür bewegt. In Zeitlupe schiebt er den Schlüssel ins Schloss.

So hält er den Schlüssel eine Zeit lang.

Dann lässt er los, zieht seine Hand zurück und lacht, kurz und leise.

Er setzt sich auf die Stufen vor der Wohnung, legt den Kopf in die Hände.

Es gibt eine kleine Fotoserie von meinem Vater und mir, drei oder vier Fotos, die in einem Album kleben, das sich in meinem Elternhaus befindet. Auf den Fotos bin ich vier, vielleicht fünf Jahre alt, mein Vater Anfang dreißig, etwas jünger als ich jetzt. Vor knapp dreißig Jahren also sind mein Vater und ich im Urlaub gewesen, in den Niederlanden, zusammen mit einem guten Freund, der die Fotos gemacht hat, meinem späteren Patenonkel. Mein Vater hat lange Haare, die ihm fast bis zu den Schultern reichen und die mittlerweile grau sind und über den Ohren enden, meine Haare stehen wirr von meinem Kopf ab, vom Wind, der nicht aufhört zu wehen, hin und her geworfen, und ich sehe, wie mein Vater oft sagt, schon als Kind meinem Großvater ähnlich, meinem Großvater mütterlicherseits, seine selbst spärlich noch zerzausten Haare, die klaren braunen Augen, meinem toten Großvater, der, weil sie nicht auffallen durften in Nachkriegsdeutschland, mit seinen Kindern nur Deutsch gesprochen hat, und weil mit meiner Mutter als Kind also nicht regelmäßig in der Muttersprache meines Großvaters und meiner Großmutter, meiner toten Großmutter, gesprochen wurde, kann sie, soweit ich weiß, die Sprache jetzt, in ihrer kleinen Wohnung in der kleinen verdreckten Stadt, in der sie immer noch lebt, nicht fließend sprechen, sie hätte mir, in derselben Wohnung in derselben Stadt, die Sprache also auch nicht beibringen können, aber das ist alles so lange her, das ist doch alles unbedeutend, ich jedenfalls ähnele, so mein Vater, diesem Großvater, zumindest rein äußerlich. Auf den Fotos trägt mein Vater einen schwarzen Pullover mit blauen Streifen, die Kapuze hat er abgelegt, lose fällt sie in den Nacken, der Reißverschluss ist vom Hals an bis etwas über den Oberkörper leicht geöffnet, darunter die nackte, gebräunte Haut, einige Brusthaare. Mein Vater liegt auf dem Rücken, im Gras, er hält mich in die Höhe und lacht, lacht über das ganze Gesicht, und ich lache auch, lache über das ganze Gesicht, ich bin vier oder fünf Jahre alt, und ich lache, lache, mein Vater wirbelt mich in der Luft umher, und ich lache, ein Gefühl, als könnte ich fliegen, schwerelos und gehalten zugleich, fliegen, wohin ich will. Immer wieder denke ich an diese Szene, nicht der Fotos wegen, die einige Augenblicke davon als Standbilder konservieren und die ich selten betrachte, sondern vor allem, weil ich mich in diesem jahrzehntelang vergangenen Moment so sehr freue, dass ich es danach nicht mehr vergesse, nicht vergessen kann, eine Freude, die durch den ganzen Körper strahlt und sprudelt, eine Energie, die hell ist, und mein Vater, der mich mit seinen beiden Armen in der Luft hält und schweben lässt, nach links, nach rechts, fliegen, fliegen, wohin ich will, fliegen. Mein Vater auf dem Rücken im Gras liegend, um uns der Wind, vor uns, in vielleicht fünfzig Metern Entfernung, Wasser, dunkelgrau, Wellen, ein großer See, das IJsselmeer vielleicht, irgendwo die Surfbretter, die mein Vater und sein Freund mitgebracht haben, irgendwo der zerkratzte, eingedellte Pkw, mit dem wir hierhergekommen sind, und ich, in der Luft, lachend, glucksend vor Freude, kaum einen Meter über dem Boden, ich lache, strahle über das ganze Gesicht, und ich brauche keine Fotos, um mich daran zu erinnern, jetzt, da die Haare meines Vaters grau sind, jetzt, da meine Mutter immer noch in derselben kleinen Wohnung in derselben kleinen verdreckten Stadt lebt, in der wir beide circa einundzwanzig Monate zusammengelebt haben, allein, das brauche ich nicht, jetzt, etwa dreißig Jahre später.

Er steht in der Wohnung, vor dem Schreibtisch. Die Schreibtischplatte ist von oben bis unten bedeckt mit Schlüsseln, wie Kekse auf einem Backblech, mehrere Reihen, glänzendes Metall. Nacheinander nimmt er jeden Schlüssel erst in die Hand, hebt ihn dann zum Mund, öffnet den Mund, legt den Schlüssel hinein, schließt den Mund, kaut. Das kaum spürbare Gewicht in seiner Hand, wenn er einen Schlüssel vom Schreibtisch nimmt, die Härte, der Widerstand, wenn er Daumen und Zeigefinger einen kurzen Moment lang gegen das Metall drückt, bevor er den Schlüssel zum Mund führt, dann, wenn die Zähne auf die Oberfläche treffen und er zu kauen beginnt, die plötzliche Nachgiebigkeit des Materials, er kaut, das Metall ist weich wie Kuchenteig, er kaut. Er kaut, bis sich nur noch eine unförmige Masse in seinem Mund befindet, ein durchspeichelter, zäher Brei, der, sobald er ihn schluckt, aus der Mundhöhle in die Speiseröhre und von dort in den Magen gleitet. Er isst, bis die Tischplatte leer vor ihm liegt, und nachdem er den letzten Schlüssel gegessen hat, spürt er, wie er zu lachen anfängt. Er lacht und lacht und lacht. Sein Körper schüttelt sich vor Lachen.

Nach einigen Minuten dreht er sich um, schließt die Augen, bleibt einen Moment so stehen. Hinter ihm der Schreibtisch.

Dann öffnet er die Augen und geht durch die geschlossene Tür aus der Wohnung, ins Treppenhaus.

DANK

Kathrin, Jacob, Karo, Georg, Anabelle, Ron, Norbert, Daniel, Astrid, Simone, Carmen, Isabelle, Victoria, Steffen, Maurinho, Barbara, Anne, Jan, Kai, Till, Ronja, Ute, Robert.